知的資産経営の実践
― 潜在価値を見つけ、育て、活かすために ―

下村幸喜 著

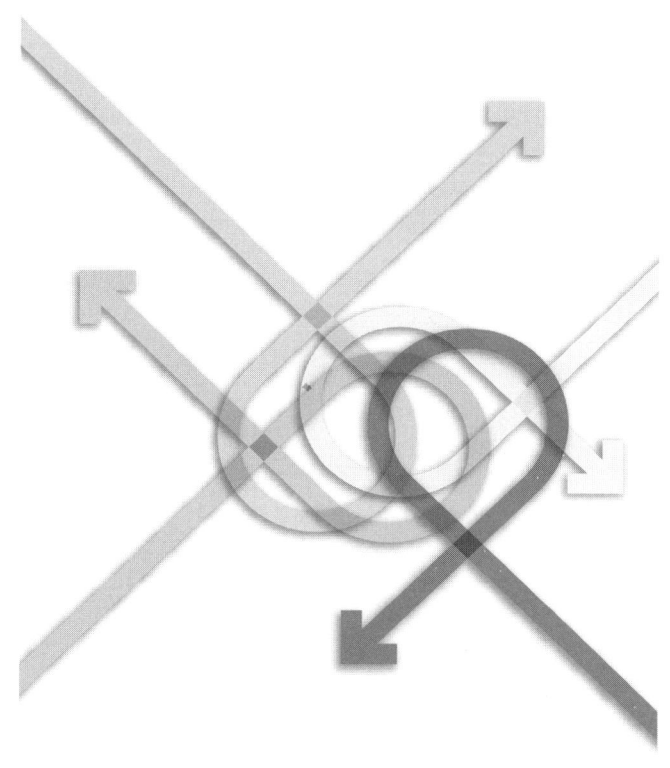

大学教育出版

まえがき

　同じ地理的条件の場所に、同じ大きさの店舗で、席数も従業員数も器の数も同じ2つのラーメン屋さんが同時にオープンしたとします。しばらくして2つのお店の経営状態を比べると、それは同じになるでしょうか、あるいは誰がやっても、この2つのお店の決算書は同じになるでしょうか。

　おそらく同じにはならないでしょう。それはなぜなのでしょうか。会計の専門家がこの2つのお店の決算書を比較すると、その答えは分かるのでしょうか。

　この答えも簡単だと思います。決算書を見ても分かるのは、経営した結果でしょう。ではこの2つのお店の違いを生み出したものは何でしょうか。これも、すぐに想像がつくように、大きな要因は、ラーメンの味、サービス、お店の雰囲気などです。お店が成功するか否かを決めるのは、立地条件や店舗の大きさだけでなく、こうした内部の要因が重要であることは言うまでもありません。つまり、私たちは、無意識の内に当たり前のこととして、ラーメン屋さんの売上を生み出す重要な要素が、目に見えにくく、決算書などの数字には表れていないものであると理解しているのです。

　こうした決算書（財務諸表）に掲載されない、目に見えにくい経営要素のことを「知的資産」といいます。知的資産には単に特許や商標といった「知的財産」だけではなく、組織が保有している人材、技術、組織力、顧客とのネットワーク、ブランドなどが含まれます。この知的資産を生かして、経営課題の克服や新しい経営戦略の構築、円滑な事業承継への取り組みなどを行うことを、知的資産経営といいます。

　ではなぜこの知的資産を考えることが重要なのでしょうか。それは、ラーメン屋さんの例から分かるように、決算書に掲載されている資産だけに注目してしまうと、本当はこうした知的資産が非常に重要な経営要素であると感じているにもかかわらず、それを認識しなくなり、結果として、自社の本当の価値を理解できず、それを活かすこともできなくなってしまうからです。

逆に言えば、もしこの知的資産に対する認識を高めることができれば、自社の潜在的な価値を経営戦略に役立てて、現実の価値を生み出したり、リスクを発見したり、さらには、自社の潜在的な価値を利害関係者に正しく伝えることで、取引に役立てることができるからです。これは、企業でも個人商店でも、個人としての自分自身でも同じだといえます。

　本書では、まず幕末の備中松山藩（現在の岡山県高梁市）で、わずか8年足らずの間に1,200億円ものお金を生み出し、財政改革に成功した山田方谷（やまだほうこく）の取り組みを、知的資産経営の先駆的成功例としてご紹介した後、どのようにして目に見えにくい知的資産を見つけ、育て、活用していくのかという、知的資産経営に取り組むための、具体的な手法やオリジナルツールとその使い方をご紹介いたします。

　本書は、認識しにくい知的資産経営を多くの方に知って頂くため、できるだけ具体的で取り組みやすいものにするよう心がけています。本書で紹介する山田方谷の改革の取り組みや知的資産経営のツールが、経営戦略構築のため、あるいは経営課題の解決に向けた手がかりとして、経営者・リーダーのみなさまのお役に立てば幸いに存じます。

　本書ができるまでに多くの方の恩恵を受けております。高梁方谷会とのご縁により山田方谷という人物とその取り組みを知ったことから、それを経営に役立てたいという思いが生まれ、また、その業績に経済学的、財政学的観点から目を向ける機会を与えてくださったのは、三宅康久氏、大倉孝功氏お二方の知見によるところが大であります。また、労務に関する特別寄稿（第3部第3章8）を、社会保険労務士の秋山美穂先生から頂戴いたしました。本書は、このような方々との出会いに恵まれたおかげで完成したもので、この場をお借りしてお礼申し上げます。しかし、当然ながら、本書に記載の内容に関する責任は筆者自身にあります。

　最後に、本書出版の機会を与えてくださった、大学教育出版社長の佐藤守氏にも心よりお礼申し上げたいと存じます。

2013年12月25日

友愛行政法務事務所にて　　下村　幸喜

知的資産経営の実践
―潜在価値を見つけ、育て、活かすために―

目　次

まえがき ………………………………………………………………… i

序　章　見えない資産 ……………………………………………… *1*
　1. 価格競争だけに目が行く　*1*
　2. 決算書（財務諸表）が表すもの　*2*
　3. 知的資産を考えることがなぜ大切？　*3*
　4. なぜ社長の思いは実行されないのか　*5*
　5. SWOT分析は正しい結果を導くのか　*6*
　6. 強さが大切なのか　*7*
　コラム1　*8*

第1部　山田方谷の改革

　はじめに　*10*

第1章　山田方谷とその時代 ………………………………… *11*
　1. 山田方谷概説　*11*
　2. 地域の特徴　*12*
　3. 思　想　*12*
　4. 経済体制　*13*
　5. 理財論　*15*

第2章　改革の内容 ……………………………………………… *18*
　1. 上下節約　*18*
　2. 負債整理　*19*
　3. 産業振興　*20*
　　（1）新しい時代の潮流に乗った産業政策　*20*
　　（2）藩の事業部門新設（専売事業の推進）　*21*

　　　　（3） 有効な公共投資　　21
　　4. 藩札刷新　21
　　5. 教育改革　23
　　6. 民生刷新改革　23
　　　　（1） 凶作に備え領内40カ所に貯倉設置　23
　　　　（2） 目安箱の設置　24
　　7. 軍政改革　24

第3章　山田方谷の改革を企業経営として見る ……………… 25
　　1. 江戸時代の通貨　25
　　2. アービトラージ（裁定取引）　27
　　3. プロジェクトファイナンス　28
　　4. SPV　30
　　5. 六次産業化　30
　　6. 金を集めたかった　31
　　7. 片腕ボクサー　33
　　8. 販売ルートの確保　34
　　9. まとめ　34
　　コラム2　36

第2部　知的資産経営ガイド

　　はじめに　38

第1章　総　論 ……………………………………………… 39
　　1. 知的資産とは　39
　　2. 使用される名称　39
　　3. 知的資産の分類　40

4. 消えていく知的資産　41
　5. 一般的な知的資産経営の説明　42
　6. 知的資産経営の一般的な説明への疑問　43
　7. 実務者として何を目指すか　45

第2章　知的資産経営の進め方 …………………………… 46
　1. 知的資産経営に適した経営者とは　46
　2. 知的資産経営の進め方　47
　3. 知的資産の強化　49
　4. 知的資産の適正評価　50
　5. リーダーと知的資産経営　51
　6. まとめ　52
　コラム3　52

第3部　オフバランスシート

　はじめに　54

第1章　短期知的資産 ………………………………………… 57
　1. 知的資産の把握　57
　2. 知的資産の発見　58
　3. 知的資産の創造　59
　4. 知的資産の育成・強化　61
　5. 知的資産の権利化　61
　6. 知的資産の価値化　62
　7. ナレッジマネジメント　63
　8. 知的資産のIT化　64
　　（1）スムースな入力を早く身につける　64

（2）ショートカットキーの利用　*65*

　　　（3）エディッタの利用　*66*

　　　（4）表計算ソフトの利用　*66*

　　　（5）写真（画像）編集ソフト　*66*

　　　（6）無料ソフト　*66*

　　　（7）簡単で手軽なナレッジマネジメント（フリーソフト利用）　*67*

　　　（8）簡単なデータベースの作り方・使い方　*67*

　9. レピュテーション戦略　*68*

　10. プレス戦略　*70*

　11. Web 戦略　*73*

第2章　中期知的資産 …………………………………………… *75*

　1. アライアンス戦略　*75*

　2. ストラクチャー戦略　*77*

　3. ファンド戦略　*80*

第3章　短期知的負債 …………………………………………… *83*

　1. 悪徳商法　*84*

　2. 使用者責任　*85*

　　　（1）業務上交通加害事故　*85*

　　　（2）通勤中の事故　*86*

　　　（3）情報漏洩　*87*

　3. セクシャルハラスメント　*89*

　4. パワーハラスメント　*90*

　5. 公益通報者保護　*91*

　6. セキュリティ対策　*92*

　7. 営業秘密　*92*

　8. 人的負債　*94*

　　　（1）企業に潜む労務リスク　*94*

（2）まずは社内に現在あるリスクをすべて洗い出す　*94*

　　　（3）顕在化した労務リスクに優先順位をつけ、リスクの高い物から
　　　　　取り組む　*95*

　　　（4）解決した問題は就業規則へ規定する　*96*

第4章　中期知的負債（リスク） ……………………………… *97*

　1．防災対策　*98*

　2．事業承継　*99*

　　　（1）事業承継、M&A、事業譲渡を考える上で必要なこと　*100*

　　　（2）廃業について　*100*

　　　（3）社員が経営を引き継ぐ場合　*101*

　　　（4）事業承継のために有効な手段・施策　*102*

　　　（5）中小企業の出口戦略　*103*

　　　（6）事業を継ぐ君へ　*104*

　3．事業譲渡　*107*

　4．M&A　*107*

　5．企業評価　*109*

第5章　育成・強化ツール ……………………………………… *111*

　1．先使用権　*111*

　2．特許関係手続と行政書士　*112*

　3．不正競争防止法　*113*

　4．内容証明郵便　*115*

　5．著作権　*116*

　　　（1）著作権の譲渡時の留意点　*117*

　　　（2）著作物の保護期間　*117*

　　　（3）市民グループなどで著作物を作った場合　*118*

　　　（4）法人著作　*118*

　6．契約書　*119*

（1）特約について　*119*

　　　（2）契約日について　*119*

　　　（3）署名について　*120*

　　　（4）専門家への依頼について　*120*

　7．告訴・告発　*120*

　　　（1）告訴　*120*

　　　（2）告発　*120*

第6章　経営者の個人的基盤 ………………………………… *122*

　1．揺れ動く夫婦関係　*123*

　　　（1）揺れる気持ち　*123*

　　　（2）法的効果の無い実質的な法的解決　*124*

　2．遺言より前にすること　*125*

　　　（1）身体能力の低下　*125*

　　　（2）判断能力の低下　*125*

　　　（3）対策　*126*

　3．遺産分割　*126*

　　　（1）遺産分割協議書の作成　*126*

　　　（2）遺書と遺言書の違い　*127*

第7章　経営戦略論の変遷 ………………………………… *128*

　1．はじめに　*128*

　2．経営戦略論　*129*

　　　（1）ポートフォリオ論（PPM：プロダクトポートフォリオマネジメント）　*129*

　　　（2）エクセレントカンパニー　*129*

　　　（3）コアコンピタンス　*130*

　　　（4）ダイナミックケイパビリティ　*130*

　　　（5）展開分野　*130*

3. まとめ　*131*

コラム 4　*131*

第4部　知的資産経営のツール

はじめに　*134*

第1章　5分シート……………………………………………*135*
1. 目　的　*135*
2. 5分シート　*135*

第2章　IMシート……………………………………………*138*
1. 目　的　*138*
2. 合成の誤謬　*139*
3. 知的資産経営 IM シート　山田方谷（現代版）　*144*
4. 知的資産経営 IM シート（標準）　*144*

第3章　HRマップ……………………………………………*145*
1. 目　的　*145*
2. 作り方　*146*
   （1）手順　*146*
   （2）考え方　*146*
   （3）HRマップを作る理由　*146*

第4章　仮説・検証アプローチ………………………………*147*
1. 価値があるものを活かせない企業　*147*
2. 事　例　*148*
   （1）事例1（耐久消費財の販売店）⇒伝統　*148*

（2） 事例 2（継続的サービス事業）⇒信頼　*148*
3. あなたの強みの見つけ方　*148*
4. 仮説・検証アプローチ　*149*
5. 仮説を立てる　*150*
　　　（1） 事例 1（耐久消費財の販売店）⇒伝統　*150*
　　　（2） 事例 2（継続的サービス事業）⇒信用　*150*
　　　（3） あなたの会社の場合　*150*
6. 仮説を検証する　*151*
　　　（1） 事例 1（耐久消費財の販売店）⇒伝統　*151*
　　　（2） 事例 2（継続的サービス事業）⇒信頼　*151*
　　　（3） あなたの会社の場合　*151*
7. 自己診断をする　*152*
　　　（1） 事例 1（耐久消費財の販売店）⇒伝統　*152*
　　　（2） 事例 2（継続的サービス事業）⇒信頼　*152*
　　　（3） あなたの会社の場合　*152*
8. 打開策を決める　*153*
9. 対策フローを作る　*153*
10. 行動計画を立てる　*153*
11. メリット・デメリットを考える　*153*
12. 効果の確認をする　*155*
13. 知的資産経営の 2 つのアプローチ　*156*
14. まとめ　*157*
　　コラム 5　*158*

終　章　答えのありか ………………………………………… *159*
1. 刀と包丁　*159*
2. 知的資産経営と専門家　*161*

参考文献 ……………………………………………………………… *163*
索　引 ………………………………………………………………… *165*

序章　見えない資産

> 人は見えるものを見、見えぬものを思う。やさしさ、真心、下心
> そのあるものは絆となり価値を生み、あるものは、損を生む災いとなる。
> 人は形なきものに真の価値を知る。

1. 価格競争だけに目が行く

　ある会社の経営者は、売上を伸ばすことだけに重点を置いており、ライバル会社と価格競争ばかりして、安くすればお客さまを獲得できると思っていました。実際、その経営者はその手法により、大きく契約を伸ばしました。

　しかし、その契約価格の根拠が乏しく、費用のほうが大きくなってしまう契約も出てきました。また、コストを抑えるため従業員の手当てをカットし続け、通常、業務に必要な交通費すら出さない場合もありました。このため、歩合給で働く従業員の中には現場で仕事をすると、報酬がマイナスになる場合も発生しました。従業員たちは、何カ月にもわたり、社内の定例会合の都度、経営者に改善を要求しましたが、経営者は問題を先送りし続け、その結果、有能な社員は、次々と会社を去っていきました。優秀な従業員を失い、とにかくコストを抑えようとする経営者の姿勢は、ついに、お客さまからも会社の仕事に対し「こんな会社とは思わなかった」という捨て台詞を残して契約を打ち切られる事態を引き起こしました。それでも、経営者は、そうした契約の打ち切りを「想定内」と言っていましたが、1年間で、売上が40％も低下し、窮地に追い込まれたのです。

　この経営者には、何が自社の商品（サービス）であり、何がお客さまが求め

る価値なのか、それはどのようにして生み出されるものなのかについて、非常に認識が甘かったと言えます。目に見える商品の販売と異なり、この会社の場合は、従業員がお客さまのところへ出向いて行う仕事の内容、適切な結果報告書の作成、十分な説明による信頼が商品であることを理解できていませんでした。

2. 決算書（財務諸表）が表すもの

　そもそも「資産」というのはどういうものなのでしょうか。まず、決算書や会計について少しだけ述べます。決算書を難しく言えば、財務諸表ということになり、これは、財産状況を示す貸借対照表と、一定期間の経営状況を表す損益計算書、それにキャッシュフロー計算書や付属明細書で構成されます。財務諸表というのは企業の資産や損益を表し、それをステークホルダー（利害関係人）に示す役割を持つ企業の成績表とも呼ばれることがあります。
　この財務諸表を作るための元になるルールが企業会計原則です。この原則は「実務の中で、慣習として発達したものの中で、一般に公正妥当と認められたところを要約したもの」とされています。企業の会計が成立するための前提条件を会計公準と呼び、その中には「会計は貨幣換算できるものに限定する」という貨幣的評価の公準とよばれるルールがあります。
　こうした会計の中で、資産と呼ばれるものは、「発生の可能性の高い、将来の経済的便益である」とされています。これを簡単な言葉にすれば、将来、企業（商店など）に利益をもたらすものと言えます。
　ところで、決算書といえば税金を納めるために作っている、という気持ちをお持ちの方もいらっしゃるでしょうが、実は会計は、企業が自由に行えばよく、経営者の判断により、資産・人材・知的資産・負債の価額を自由に決めてもかまいません。
　前述の企業会計原則で「慣習として発達した」とあるのは、そもそも会計のやり方がバラバラであったことを示しています。ですが、これにより何の制約もなく税金を計算するとすれば、利益操作が可能になり、税負担が不公平にな

るばかりでなく、取引相手もどのような会社なのかを会計資料から判断することが困難になってしまいます。ですからルール化されているのです。

　では決算書に掲載された資産の価値の把握は簡単でしょうか。まず固定資産を考えてみましょう。かつて不動産バブルと呼ばれた時代には、土地は何も変わっていないにもかかわらず、短期間で価格が何倍にもなりました。決算書の土地の価格は購入時に決まりますから、不動産を保有する会社には巨大な含み益が発生しました。逆に、不動産バブル時に購入した土地は、その後価格が暴落し、企業には含み損が発生しました。このように、実際に取引されていなくても、「将来の経済的便益」としての評価額は大きく変わってしまいます。

　次に、人はどうでしょうか。人は人材と言われるだけでなく、人財とも言われます。ところが財産であるはずの人は、決算書では、製造原価や、給与として表れますので費用でしかなく、会社は人を将来の経済的便益を与えるものとしての資産には計上しません。その一方で、スポーツ選手の場合などでは、契約にオプション部分や出来高部分が含まれる場合もありますが、総じてまだ活躍する前に契約金や年俸が決まります。これは、その選手の将来の収益獲得能力を評価しているともいえます。

　つまり、決算書に記載されている金額は一定のルールの上で決めているだけであり、それでも、なかなか資産の額を決めることは困難だということです。逆に、将来、企業や組織に大きな収益をもたらす可能性が高いと思われるものでも、金額を合理的に見積もることが難しいものは計上されていないと言えます。さらに言えば、決算書に載らないものでも、将来の収益獲得能力があるものはたくさんあり、これが知的資産と言えるのです。

3. 知的資産を考えることがなぜ大切？

　本書では知的資産という言葉を使いますが、ほぼ同じ意味合いで知的資本、知的財産、ナレッジ、知識資産、知識資本、インタンジブルズなどと表現された書籍があります。それぞれ著者の考えによって使い分けられているようで

す。

　本書では、単に特許や商標といった「知的財産」だけではなく、自社が保有しているまたは利用可能な人材、技術、組織力、顧客とのネットワーク、ブランドなど、財務諸表には掲載されない目に見えにくい経営資源（経営要素）の総称のことを示す言葉として、知的資産を使用します。

　知的資産が企業価値に占める割合は、50％以上に及ぶと言われており、2005（平成17）年に政府は、わが国企業の価値・競争力を高める上で知的資産の重要性について唱えましたが、いまだに経営者により、その認識にはばらつきがあるようです。

　その後、2008（平成20）年には中小企業にも配慮された知的資産の把握と報告ができるようになったとされます。しかし、『中小企業のための知的資産経営実践の指針―知的資産経営報告書作成支援調査・研究編―』で紹介されている企業は、10社すべてが資本金1,000万円以上の会社となっているところをみれば、知的資産経営が最も必要だと思われる個人商店などの零細・小企業に対する意識が薄いのではないかと考えられます。

　現在、一部地域を中心に行政書士等が作成している知的資産経営報告書は、ページ数が20～30ページ、その作成に要する期間が4～6カ月が一般的と言われており、立派な「報告書」ができ上がっていますが、これを作ろうとすれば、おそらく20万円以上の報酬ということになるのではないかと思います。したがって、もし公的機関による助成がないとすれば、どれだけの「中小企業」経営者が時間と費用をかけて、報告書を作成する気になるのかは疑問があります。

　知的資産を把握するのは、情報の開示が目的なのか、経営マネジメントが目的なのかということは従来から検討されてきた課題です。報告も結構ですが、個人商店や小規模企業では、まず経営に役立つことが先決だと考えます。知的資産経営は経営者が新たな経営戦略やリスク対策、事業承継を考える上で非常に重要ですから、大企業だけでなく、むしろ小さな組織にこそ、現状の打破や、さらなる発展のために、小手先の営業戦略などではない、知的資産を活かした総合的な経営戦略が必要だと考えます。そこで、本書では、さまざまなオ

リジナルツールや考え方をご紹介しているのです。

4. なぜ社長の思いは実行されないのか

　なぜ組織のリーダーや社長の思いが実行されないのでしょうか。古い形のリーダーは、とにかく社員が忙しそうに仕事をしていれば満足してしまう傾向にあるようです。経営者の朝令暮改はよくある話ですが、この変更された会社の方針、進め方が社員に浸透しているでしょうか。そもそも、経営者は、社員が何を忙しそうにしているのかを理解しているのでしょうか。ある時「海へ向かって走れ！」と命令した経営者が、セミナーやコンサルタントの意見を基に、急に「山に向かったほうがいい！」と思ったとしても、前の指示に従って動いている社員はその変更を理解して進み方を変えているとは限りません。そして定例会議の席で、経営者と社員の思いの違いが明らかになる。こうした意思疎通の齟齬が何度も繰り返されると、社員は次第にやる気をなくしてしまうでしょう。

　よく知られた事例をご紹介しておきましょう。山で木こりが大きな鋸で木を切っています。見ると鋸の歯が痛んでいて、よく切れていないようです。それを見ていた人が、「鋸の歯を研いだらどうだい」と言うと、木こりは「仕事が山のようにあるんだ。忙しくて手を止めてそんなことはしてられない」と答えました。

　経営者やリーダーが、社員の一生懸命仕事をしている様子を見て満足しているのは、この木こりの様子を見て満足することに似ているのではないでしょうか。この木こりはまじめに、懸命に仕事をしています。けれどその努力が成果にうまく結びついていないとするなら、この木こりの手を止めて鋸の歯を手入れするように指示するのはリーダーや経営者の重要な役目なのです。そこで手を止めて鋸の歯の手入れをしている社員を、サボっていると経営者が思うのであればその会社はとてもうまくいかないでしょう。

5. SWOT分析は正しい結果を導くのか

　知的資産経営でも、知的資産経営以外の経営戦略を考える場合でも、SWOT分析はよく紹介される手法です。これは、強み（Strength）、弱み（Weakness）、機会（Opportunity）、脅威（Threat）に分けて会社の現状を分析するというものです。このSWOT分析に問題は無いのでしょうか。次のいくつかの事例は、強みなのでしょうか。筆者が直接知っている事例では、次のようなものがありました。

　もしあなたが経営者なら、「お客さま満足度98.8％」この数字をご覧になるとどのようにお感じになるでしょうか。「当社のサービスは、十分お客さまにご満足いただいている」とお感じでしょうか。

　筆者が注目したのは、この数字の大きさではなく、この数字がどのようにして集計されたものかということです。この数字は、お客さま対応をする部署が、お客さまにDMによるアンケートを実施し、結果を集計していたものでした。お客さま対応業務を行う部署だから当然と言えば当然です。しかしこれは、この成績が悪いと責任を問われる部署が調査結果を出しているのです。実際にこの数字は、その部署の担当者が、返信を受けたアンケートの内、都合の悪い意見は、担当者が最初から無かったことにして集計からはずした結果だったのです。

　次に、当社は本社がある〇〇市以外にも、多くの営業拠点を持っている。というのはいかがでしょうか。これは、すばらしい強みとお考えでしょうか。では、当社は月に多くの営業所を持っているというのはどうでしょうか。月は極端ですが、どのような商品で誰をターゲットにしているかによって、ある状態が強みと言えるのかそうではないのか変わってきます。営業拠点がたくさんあるとすると、それに伴う固定費も発生すると考えられますので、強みとして分類したものが、実は固定費が発生し続けているのに処分できない拠点が多いという弱みかもしれないのです。

　ではもう一つ、当社は数多くの特許を持っているというのはどうでしょう

か。特許は強みに決まっているとお考えですか。特許も拠点と同じように維持には費用がかかります。もし、それらの特許の周辺特許はライバル社がすべて持っているとすると、強みとはいえなくなるのです。

このように、SWOT分析で注意すべきは、本来、経営に役立つかどうか、が判断基準であるべきものが、強いか弱いかという別の判断基準になっているのではないかということです。これは、有能な社員なのかどうかを判断すべきところを、背が高いとか、足が速いとかという基準で捉えようとしているのと同じだと言えます。

この点については知的資産経営報告書の分析でも、「SWOT分析を実施しているが、外部分析に力点を置いた知的資産経営報告書が多く、その結果、各社が提示した知的資産が経営方針、戦略等と整合性を持った真に企業競争力優位性を持つ物であるとの説得性が不十分」(2008(平成20)年10月中小企業基盤整備機構　知的資産経営ファイナンス調査)と指摘されています。

以上のことから、SWOT分析を利用する際には、その根拠がどのようにして出されたものであり、分析としてまとめられたときには、何らかの前提条件や判断が加わっているという点を意識しておくべきでしょう。

6．強さが大切なのか

P.F. ドラッカーは、「何事かを成し遂げられるのは、強みによってである。弱みによって何かを行うことはできない」と述べています。知的資産経営を進めようとする専門家は、経営者に対して「御社の強みは何ですか。継続している企業なら必ずあるはずです」と述べるでしょう。前述の、SWOT分析においても、S（強み）は生かし、W（弱み）は克服するべきものと考えられます。しかし、それがすべてでしょうか。

今ではすっかり文具として定着したものに、ポストイットがあります。かなり以前は、重要なページにつける付箋は、先端の糊の部分に水をつけたり、場合によっては舐めたりして、ページに貼り付けていました。これが乾くと、は

がす時に破れたり痕が残ったりしていました。ポストイットは、接着力が弱いので剥がしても痕が残りません。つまり、これは強いものにはできないことを弱いものがやっているのです。

では物を切る道具はどうでしょう。ここに刀があるとします、刀の切れ味は、それはすごいものだと聞いたことがあります。もう一方には包丁があるとします。こちらは、家庭で主婦や場合によっては子供たちも料理を作る道具として使用します。どちらも切るための道具です。では優れた刀があれば包丁は、いらないのではないでしょうか。なぜ包丁があるのでしょう。もし家庭で、主婦が台所で刀を使って料理をしているとしたら、どうでしょうか。筆者は、台所で女性が刀で料理している姿を、ほほえましく見る気にはならないと感じますが、あなたはどうですか。

つまり、目的によって適当な強さが必要であり、言い方を変えれば適当な弱さも必要であるといえます。

コラム1

結婚詐欺を行う女性と言えば、どんなタイプの女性が思い浮かぶでしょうか。美しく華やかで、男性の目を引くような女性でしょうか。ところが、実際に結婚詐欺やその後の殺人事件の容疑者となっている女性は、こういうタイプではありません。写真が公開されると意外に思われた方も少なくないのではないでしょうか。実は、こうした事件で、中年男性を騙し被害を与えるのは、地味で目立たないタイプの女性のようです。それは、もし美しく華やかな女性が近づいてきたら、多くの中年男性は、「この多くの男性に人気がありそうな女性が、なぜ自分に？」と警戒するでしょう。ところが、それが地味で目立たない女性の場合は、「本当に自分のことが好きなのではないか」と安心するのではないかと思うのです。

もし女性がテレビのアナウンサーを目指すなら、美しさの資産価値は高いと言えますが、結婚詐欺の容疑者は、自分の少ない美しさを、逆に詐欺行為という誤った目的のため価値あるものとして生かしたと言えます。この例から資産価値（収益獲得能力）というのは目的が異なれば、変わってくると言えるのです。

もっとも、「幸せな人生を送る」というのが多くの人にとっての目的であれば、それを実現するための要素は、外見だけで決まるものではなく、安易に人の価値を他人が判断できるものではないことは当然です。

第1部　山田方谷の改革

Truth is stranger than fiction
　　歴史は真実を語る

はじめに

　600億円もの借金がある会社を引き継ぎ、8年後には逆に600億円の貯蓄を作り上げた経営者がいれば、経営者やビジネスマンだけでなく、多くの人が、それをどのように成し遂げたのかを知りたくなるのではないでしょうか。
　幕末の備中松山藩（現在の岡山県高梁市）で、藩政改革を行った山田方谷は、それを成し遂げた人物なのです。この金額の大きさとその換算方法には諸説ありますが、この金額が正しいとすると、彼は「貧乏板倉」と呼ばれ財政に窮した藩で、わずか8年足らずで1,200億円もの金額を生み出したことになるのです。
　この金額についてその歴史的資料をどう解釈すべきなのか、あるいはどう換算すべきなのかについては、山田方谷を研究されている方にお任せするとして、その額の多寡にかかわらず、あなたが経営者やビジネスマンあるいは組織のリーダーであるなら、この山田方谷の取り組みは、会社経営や組織運営に大きな指針となるでしょう。
　本書は、山田方谷がどのような人物かとか、その業績を歴史的、学術的見地から、いかに正確に把握するかが目的ではなく、彼の取り組みを通して、無形の経営要素を活かした知的資産経営を進めるとはどういうことなのか、という視点で話を進めてまいります。
　知的資産経営は、2002(平成14)年頃から経済産業省を中心に取り組みが行われてきたにもかかわらず、まだ一般的な認知度はそれほど高くありません。その一番の原因は、目に見えないものを資産として考えるからであり、同時にそれが経営にどれほど影響があるのか分かりにくいことによると思われます。
　山田方谷が行った改革は、有形の資産を知恵と戦略により、その価値を高め、現実の利益を生み出しており、まさしく知的資産経営の先駆者として学ぶべき点が多く、ぜひみなさまにも知っていただきたいと考えています。

第1章 山田方谷とその時代

1. 山田方谷概説

　山田方谷（1805年2月21日－1877年6月26日）は、農家出身ながら、幕末期の備中松山藩（現在の岡山県高梁市）で、革命とも言える藩政改革を行いました。儒家・陽明学者で、名は球、通称は安五郎、方谷は号。備中の聖人と称される人物で、昭和3年に現在の岡山県高梁市中井町西方に鉄道の駅ができる時、地元住民が嘆願しわが国唯一の人名の駅（JR伯備線「方谷駅」）ができました。

　彼が成し遂げた藩政改革の主なものは、次のとおりです。
① 「理財論」を著し、それを実践することで、改革を成し遂げた。
② 大阪*商人と交渉し藩が抱える負債を整理した。
③ 産業を興し、財政破綻の危機にあった、備中松山藩を改革した。
④ 信用のなくなった藩札を、買い上げ、領民の見ている川原で、その大量の藩札を焼却した。
⑤ 学問所、寺子屋など教育改革を行った。
⑥ 里正隊という農兵制度を作り、軍政を改革した。

＊当時の表記では大坂が正しいと思われますが、混乱を避けるため、本書では大阪で統一しています。

2. 地域の特徴

　備中松山藩のあった現在の高梁市は岡山県中西部に位置し、市域の大半が吉備高原上の丘陵地からなる中山間地域です。明治維新までは、備中松山城と武家屋敷町を「松山」と呼び、城下町をいう場合は「高梁」と言ったようですが、愛媛県に夏目漱石の坊ちゃんで有名な松山があることもあり、紛らわしいことなどから高梁に統一したと言います。

　市内を高梁川が北から南に流れ、支流の有漢川、成羽川が合流します。中心市街地は高梁川と成羽川が合流する地点の北側に広がる盆地に位置し、城下町の古い町並みを残しています。山田方谷が改革を行った頃の備中松山藩は、現在と同じく平地は少ないが土地はあり、漆、茶、竹などの産物がありました。山田方谷の改革までは、藩の財政が悪いため、道路は修理が行き届かず、潅漑設備も整っていませんでした。

3. 思　想

　この時代の思想の代表的な朱子学と、山田方谷が身につけていた陽明学の2つの思想について記載します。この2つの学問はいずれも中国から伝わったもので「自分を修め、人を治める」という考えの儒学の一つです。

(1) 朱子学

　朱子学とは、南宋の朱熹によって再構築された儒教の新しい学問体系で、封建社会の身分秩序を重んじるものとして幕府に手厚く保護されました。

　一般には1199(正治元)年に入宋した真言宗の僧侶が日本へ持ち帰ったとされますが、異説も多く明確ではありません。長い停滞の後、江戸時代に入り林羅山によって「上下定分の理」やその名分論が武家政治の基礎理念として再興され、江戸幕府の正学とされました。

　松平定信は、1790(寛政2)年に寛政異学の禁を発しています。しかし、この

朱子学の台頭によって、天皇を中心とした国づくりをするべきという尊王論と尊王運動が起こり、倒幕運動と明治維新へ繋がっていきました。

(2) 陽明学

陽明学とは、中国の明代に、王陽明がおこした儒教の一派で、孟子の性善説の系譜に連なります。陽明学という呼び名は明治時代以降広まったもので、それ以前は王学と言っていました。陽明学は、社会の問題を現実に即して解決することを重視しましたが、王陽明の意図に反して反体制的な理論が生まれたため、体制に反発する者が好む場合もありました。

このため山田方谷は、誤った理解をすると重大な間違いを犯す危険があると考えて、朱子学を十分に理解して朱子学と陽明学を相対化して理解ができる門人にだけ陽明学を教授したと言われています。

幕末の維新運動は陽明学に影響を受けており、有名な人物としては、吉田松陰、高杉晋作、西郷隆盛、河井継之助、佐久間象山などがいます。

山田方谷の改革には、この陽明学の思想が大きく影響しています。

4. 経済体制

土地を検地して米の生産高をはかり、大名に領地を管理させて取立てを行うという織田信長のアイデアを実践したのが豊臣秀吉であり、徳川時代にはこの制度が完成しました。江戸時代以前は、農民から職人や商人になるのが自由で、武士から農民や商人になることもできましたが、この制度の完成により武士は、この米を生産する農民を管理するのが仕事になりました。米本位制経済を成り立たせるためには、農民を自由に土地から離れさすわけにはいかないので、士農工商の序列を定めて、農民と土地を結びつけました。

米というのは通貨ではありませんが、実際には貨幣的な役割も果たしていました。例えば税である年貢は、基本的には米で納めていました。一石とは、1人の人間が1年間に食べる米の量を言い、その藩が10万石であれば、10万人の人が養えるということになります。この米の値段というのは、金の価値以

上に重要であり、その傾向は、戦後、米価統制が撤廃されるまで続いており、この意味で江戸時代は米本位制であったといえます。江戸時代の通貨はといえば、江戸を中心とした東国では小判で知られた金貨が、西国では銀貨が使われていました。

俸給を米で受け取った武士は、このままでは使いにくいので、貨幣への両替が必要になります。こうして、武士の収入である米は小判に、小判を銭に替えるたびに両替手数料を商人が受け取ることになりました。米は消費とともに消えてなくなりますが、商人が溜め込んだお金は、何度でも使えました。士農工商として身分制度では、最下位に位置づけられ、武士の教育では軽蔑されるように教えられてきた商人たちですが、実は次第に力を持つようになっていたのです。

米が唯一の収入源である武士が、その収入を増やそうとすれば、米を増産するか、農民からの年貢を増やすしかありませんから、年貢は、四公六民から、五公五民へ、やがて六公四民へと、過酷な取立てが強要されました。増産しても恩恵が無い制度の中で、農民が米作りに励めるはずもなく、年貢米は底をつき、それがさらに、重い年貢へとつながっていきます。また、そもそも一石とは人が1年間に食べる米の量を表しているのですから、人口が増えないで、生産量が増えたとしたら価格が下がるのが当たり前となります。このように、経済に疎い武士たちが行った藩運営はこうして全国各地で窮地を迎えることになりました。

山田方谷が活躍した時代は、従来の統治機構が終焉を迎えようとしていた時期であり、同時に米本位経済から貨幣経済へと移ろうとしていました。それが藩の巨額な財政赤字と一部商人の黒字という状況を生み出しました。

当時の備中松山藩は、前藩主が派手好きであったためか、藩士たちの日常も酒や遊びに流れがちで生活が贅沢になっていました。また庄屋、富農、豪商から役人への賄賂も横行しました。その一方で、道が壊れても修理されず交通の障害になり、賭博も盛んでした。農民は飢饉のたびに、子をまびき、娘を女郎に売らなければならず、餓死者も出ました。米本位制では、米を生産しない武士階級、商人階級は納税しておらず、農民が年貢として収めた米は、本来、産

地から都市へ持っていったほうが米の売値が高かったのですが、各藩が独自の流通ルートを持っているわけではなく、商人にかなり買い叩かれていました。

5. 理財論

　山田方谷といえば、有名なのはその改革であり、その改革の根本思想を表すものとして最も注目されるのが「理財論」です。ここでは、理財論のエッセンスだけをご紹介します。言葉は短いもののそれに含まれる思想は非常に示唆に富んでいます。この理財論は、方谷が32歳の時、佐藤一斉塾で書いた論文であり、方谷の行動の原点なのです。

　　それ善く天下の事を制する者は、事の外に立ちて事の内に屈せず。
　　（訳）
　　だいたい、天下のことを上手に処理する人というのは、全般を見通し財政問題のみに気をとられないものです。ところが、今日の財務担当者は、ことごとく数字の増減のみにとらわれてしまっています。

　これをもっと具体的にいうとどういうことなのでしょう。これは財政問題を抱えているからといって、それだけを問題にしていたのでは本当の解決にはならないということを指しています。見かけの数字上の解決を急ぐあまり、その他のことを考慮しない対策を行えば、一瞬解決したような問題が、すぐさらに大きな問題として現れてきます。「理財論」の中から、もう一つご紹介します。

　　人心は日に邪にして正すこと能はず。増
　　風俗は日に薄くして敦くすること能はず。
　　官吏は日にまみれ、民物は日に敝れて検すること能はず。
　　文教は日に廃たれ、武備は日に弛んで、之を興し之を張ること能はず。
　　挙げて問ふ者あれば、乃ち財用足らず、なんぞ此に及ぶに暇あらんやと日ふ。
　　（訳）
　　人心が日に日に邪悪になっても正そうとはせず、
　　風俗が軽薄になってきても処置はせず、
　　役人が汚職に手を染め、庶民の生活が日々悪くなっても、引き締めることができ

ない。
　文教は日に荒廃し、武備（武芸）は日に弛緩しても、これを振興することができない。
　そのことを当事者に指摘すると、「財源がないので、そこまで手が及ばない」と応える。

（『財政の巨人幕末の陽明学者・山田方谷』林田明大著より引用）

　これを見れば、山田方谷の研究者の多くが、なぜ現代のわが国にも当てはまると指摘しているのかが分かります。

表1　山田方谷とその時代

西暦	山田方谷関係	日本の出来事	世界の出来事
1772		田沼意次が老中になる	
1776			アメリカ独立戦争
1787		寛政の改革（松平定信）	
1789			フランス革命
1804			ナポレオンが皇帝に即位
1805	2月21日誕生		
1818	母（梶）死去		
1819	父（五郎吉）死去		
1821	結婚		
1825		外国船打払令	
1829	有終館の会頭となる。		
1830			フランス7月革命
1837		大塩平八郎の乱	
1840			アヘン戦争（～1842）
1841		天保の改革（水野忠邦）	ドイツのマイヤーがエネルギー保存の法則発見
1842			南京条約
1849	元締役兼吟味役（藩の財政運営の責任者）を命じられる。		
1850	藩政改革に乗り出す。 当時の備中松山藩には十万両の借金があった。 ・上下節約、負債整理（大阪の承認と借金について会談） ・産業振興、藩札刷新（藩札を貨幣へ交換をはじめた） ・士民撫育、文武奨励		
1851	有終館で剣槍の二道場を開き藩士を訓練した		太平天国の乱
1852	・江戸に産物方を設置しそこで備中松山藩の製品を売った。 ・備中松山藩近似（ちかのり）河原で旧藩札を焼却		
1853	干ばつが発生したが、備中松山藩では餓死者が一人も出なかった。	ペリーが浦賀に来航	
1854		日米和親条約締結	
1857	備中松山藩は借金を返済した上、十万両のお金の蓄えができた。元締役を辞任		
1858		日米修好通商条約締結	
1859	松山～美袋（みなぎ）間の道路整備開始	安政の大獄	
1860		桜田門外の変（大老井伊直弼暗殺）	
1861			アメリカ南北戦争（～1865）
1862	アメリカ製の帆船「快風丸」購入		
1867	松山城を政討軍に開城	大政奉還（徳川慶喜）（江戸幕府の滅亡）大政復古の大号令	
1868		戊辰戦争（旧幕府軍と新政府軍の戦い）	
1868		五か条の御誓文が出る。	
1869		版籍奉還（土地と人民を朝廷に返上）	スエズ運河が開通
1871		廃藩置県	ドイツ帝国成立
1872		学制が発布	
1873	閑谷学校で講義	地租改正条例が発布	
1873		徴兵令が発布	
1876		日朝修好条規をむすぶ。	
1877	小坂部（おさかべ）で死去	西南戦争勃発	イギリスがインド帝国を作る。
1881		国会開設の詔が出される。	

第2章 改革の内容

　山田方谷の改革は、組織の構築、産業の振興、教育、軍備とあらゆる分野に及んでいます。ここからは『山田方谷に学ぶ改革成功の鍵』（野島透著）を参考にして、7つの分野に分け、それをおおむね時代順に見ていくこととします。

1. 上下節約

　山田方谷は、藩を危篤に陥れた原因が、極度の富の集中と、大阪商人や藩内の豪商から借りた借金にあると考えました。そこで、まず出ていくものを止めなければならず、次のような倹約令を1850(嘉永3)年に出しました。
　一、衣服は上下とも綿織物を用い、絹布の使用を禁ずる。
　一、饗宴贈答はやむを得ざる外は禁ずる。
　一、奉行代官等、一切の貰い品も役席へ持ち出す。
　一、巡郷の役人へは、酒一滴も出すに及ばす。
　これは、藩の全員に適用されたわけですが、すでに生活に困窮していた下級武士や農民には影響がなく、実質的に中級以上の者を対象としていました。こうした場合に、対象とされた者の反発は必至です。
　そこで、方谷自らも、藩の要職にありながら、俸禄は中下級武士程度にしました。自分が俸禄を下げることで、また、城下から離れた土地を自ら開墾し、さらに、自分の家計を公開することにより、反発を弱めていたようです。

2. 負債整理

　山田方谷の改革では、藩を危篤に陥れた原因の「大阪商人や藩内の豪商への借金」対策では、大阪商人に対して、相手に不利な条件をのませています。その秘密はどこにあったのでしょうか。

　当時の備中松山藩は、5万石ではありましたが、その実情は2万石に満たない状況にあり、破綻寸前でした。それを、藩の債権者である大阪の両替商（銀主）に説明し、借金の返済延期を依頼しました。また同じ両替商に対し、彼らにとっては借金の担保であり、売買による大きな収入源であった大阪蔵屋敷とその米を返せと迫っています。そして方谷は、大阪の両替商にこの不利な両方の条件を飲ませることに成功しました。

　それは、今まで通り、実収を隠し、体面を保ちながら交渉しようとするものではなく、帳簿を持参し、元締めである山田方谷自らが、藩の窮状と粉飾決算の実態を暴露したものでした。

　相手は商人ですから、自らの得にならない話は受けるはずがありません。それを可能にしたのは、こうした体面を捨ててまでも、情報を公開する誠意に加えて、緻密な返済計画でした。つまり、「大信を守ろうとすれば、小信を守ってはおられない」とする誠意と、そろばん勘定に秀でた大阪商人をも納得させるような返済計画であったということです。

　さらに、この大阪蔵屋敷の廃止により、担保としていた年貢米も持ち帰ったことにより、これが次の政策につながります。方谷はこの一方で、藩内では豪商の債権凍結と商権剥奪という、大胆な政策を実行しました。これは、備中松山藩内の商人にとっては過酷な内容でした。

3. 産業振興

　ここでは、「産業振興」についてご紹介します。この分野は、企業の大小を問わず、現代の経営にとって示唆に富みます。それは、経営が自社を取り巻く状況を踏まえた利用可能な資産・知的資産の組み合わせであるからです。山田方谷の取り組みを知的資産経営として考えるのも、この産業振興が中心となります。

　現代でも、新しい事業を展開するためにはさまざまなことを検討する必要があります。例えば、何ができる、何を作る、どこで作る、誰が作る、どんな組織で作る、誰が管理する、メンバーはどうする、どこで売るのか、市場があるのか、その市場の状況をどうやって調べるのか、その市場までの輸送手段はどうするのか、作った商品やサービスに競争力はあるのか、考えられるリスクにはどのようなものがあるか、そして、最後に決済方法や決済時期などです。

（1）新しい時代の潮流に乗った産業政策

　まず、当時の備中松山藩の置かれた状況を再確認します。平地は少ないが山があり、河川に恵まれ砂鉄がとれます。また、中国地方には「たたら」という製鉄技法があり職人もいます。中国地方は古くから製鉄が盛んであり、日本の鉄生産の8割を占めていました。鉄を作るには大量の木材が必要であり、山を制するものが鉄を制するといわれました。

　方谷は市場として大阪ではなく、江戸を選んでいます。その情報取得は、備中松山藩江戸屋敷を通じて行われたといわれており、江戸は人が多い（商圏は定かではありませんが、当時の目安としては、江戸が356万人、大阪が204万人程度の差があったようです）、江戸は火事が多い、江戸は家の建築が多い、江戸は木材が必要などという情報を得ていたと考えられます。

　方谷は、製鉄した鉄材を売ろうとはせず、江戸に鉄製品の大きな需要があるとつかんでいました。それは江戸で火事が起きると、その後にまずやってくるのは釘拾いの人びとだったからです。こうした情報を踏まえて、鉄釘の他、江

戸の食料を担う農家に向けて、備中松山藩内の農民の意見を反映させた備中鍬を開発し市場に出しました。

　これらの製品を運ぶ方法は、水利を活かし玉島港より船で江戸に直送し江戸屋敷で販売しており、安易に大阪商人任せにしませんでした。

（2）　藩の事業部門新設（専売事業の推進）

　方谷は藩に撫育局という専売事業を担当する役所を1852（嘉永5）年に設立し、藩内において生産された年貢米以外の一切の産物を集中させ、その販売管理も手掛けました。これは武士階級を商人に近づけることであり、当時の社会機構の原則を壊しているともいえます。そのため行動には十分注意を払ったようです。

> 　　身分制度で固められた封建社会を一夜にして資本主義革命ともいうべき企業立国に仕立て上げた。…これは秘密に行なわれた。徳川家康が定めた身分制度を否定などすれば、謀反の企てと言われる。
> 　　　　　　　（矢吹邦彦著『ケインズに先駆けた日本人─山田方谷外伝』より引用）

（3）　有効な公共投資

　方谷はきびしい財政状況にもかかわらず、おびただしい公共工事（製鉄所、道路・河川工事）も行っています。これは単なる工事だけにとどまらず、工事にかり出された地域の住民には臨時収入を与えるものであり、さらにこれは、産業政策・販売活動においては販売ルートの充実に直結しました。

4. 藩札刷新

　山田方谷は、藩財政が逼迫する中で、藩財政の16%にも及ぶ藩札を3年間にわたって集め、それを高梁川の河原に積み上げて火をつけました。その火は朝8時〜夕方4時まで燃え続けたと言われています。山田方谷の改革を象徴するこの施策は、もちろん単なるパフォーマンスではありません。

まず通貨とは何であるかを考えてみましょう。信用をなくした通貨はもはや通貨ではなく、倒産寸前の会社が発行する約束手形は、誰も安心して受け取ることはできないでしょう。その信用のなくなった旧藩札を山田方谷は、3年にわたって正貨と交換しました。もちろん、財政は逼迫しているのですから、この藩札の回収は財政再建の足を引っ張りかねない危険な賭でもありました。

旧藩札は贋札も多く出回り、また幕府正金銀との交換価値をめぐって投機の対象となることで、正金銀との引き替えができなくなる状態（札潰れ）が起きる可能性もありました。山田方谷は、財政再建に当たって藩札の信用回復を重視し、人びとの不安を取り除くには、通貨の信用力を取り戻すこと以外に道はないことを理解し、それを効果的に実行しました。

この信用が失墜した旧藩札を償却処分して新藩札を発行すれば、確かに改革に取り組む姿勢を内外にアピールすることはできます。しかし、それだけでは、信用は回復するでしょうか。例えば倒産寸前の会社が発行した約束手形を、その会社が一度現金と引き替えにその約束手形を回収し、あらためて新しい約束手形を発行したからといって、それだけでは、相手がその約束手形を受け取って現金を渡すとは思えません。

これを理解する鍵は、『現代に生かす山田方谷の藩政改革』（三宅康久著）に記されています。

> 備中松山藩や大阪において金貨高、銀貨安傾向であり、江戸において金貨安、銀貨高であったならば、江戸へ藩の生産物を移出することから得た収益を銀貨に投資することで、莫大な投機利益が得られたと考えられる。

つまり、藩札は何を後ろ盾にして発行されたものかということが大切であり、旧藩札を新藩札へ転換したというのは、実は、旧藩札が、銀貨を後ろ盾にして発行されていたものであったのに対し、新藩札は金貨を後ろ盾に発行されたものだったのです。これにより、山田方谷は藩札という負債を銀貨から金貨へ移したと言えるのです。

5. 教育改革

　山田方谷の改革は、情報・知識を智恵に変えることで利益をあげたと考えられます。この情報、知識を智恵に変えることで利益を得る戦略を達成するために必要となるのが教育であり、方谷は庶民教育のための学校設立に力を入れました。

　山田方谷は、士農工商として身分を固定したことが、有能な人材の妨げになり、知識の相互作用や領民同士のコミュニケーションを妨害するものであることを見抜いていました。そこで、学問所、教諭所、寺子屋、家塾など75カ所を設置し、実質的に身分制度が否定され、百姓であろうが、優れたものが要職に就く能力主義を採用しました。

　その一方で、方谷はこの改革全体を、外部の幕府諸藩に対しても、藩の内部に対しても分かりにくくしたと言われています。なぜなら、弊害はあったとはいえ、徳川家康が定めた身分制度を否定などすれば、謀反の企てと言われるからです。方谷が行ったことは、身分否定すれすれの、身分と職務の分離に他ならないからです。

6. 民政刷新改革

　蔵屋敷の廃止は、単にその経費を削減しただけでなく、預けていた米を持ち帰ることでもありました。持ち帰った米は、投機機会をうかがうため備蓄をしておかなければならず、藩内に米倉が必要になりました。

（1）　凶作に備え領内40カ所に貯倉設置

　大阪商人から担保として押さえられていた蔵屋敷の米を取り戻したことにより、その置き場が必要であったため、各村に郷倉を設けて米を備蓄しました。この米は平時には、米相場の動きにより大きな利益を得るために使われ、天災が起き、凶作になったときは領民に配給されました。1853（嘉永6）年に起

きた干害時には、領内から一人の餓死者も出なかったといわれています。

（2）目安箱の設置

目安箱とは、庶民要求や不満などの投書を受け入れるために八代将軍吉宗が評定所（裁判所）の門前に設置した箱をいい、備中松山藩でも、藩士、領民の誰でも、意見を投書することができました。

7. 軍政改革

当時の備中松山藩は、外圧の脅威にさらされることが少なく、危機感にも乏しかったと言われています。山田方谷の改革という場合、ともすれば財政改革にばかり目が向きがちで、武士にも農業をさせるなど、身分制度を否定しているかのようにも見えますが、武士を城から遠い場所に配置するのは、国を守るためであり、また、軍備にも力を注いでいたことを忘れてはいけません。

山田方谷は、1851（嘉永4）年の文武奨励策により、藩士は60歳まで剣道、槍など武道の研修を行いました。また、方谷は当時の津山藩で近代的な銃陣、新式砲術を学んでいましたが、藩士たちは学者の方谷から教わるのをよしとしなかったため、方谷は逆にその状況を生かし、1852（嘉永5）年に「里正隊」という農兵制度を採用し、さらに農兵隊8大隊を組織しました。

この結果、備中松山藩は訓練された、藩兵500人、農兵1,200人の兵士と、数十の大砲、さらに最新式の銃装備と20万石の大藩にも匹敵する軍事力を持つに至りました。長州藩の高杉晋作はこの農兵隊を参考に奇兵隊を組織しました。

第3章 山田方谷の改革を企業経営として見る

　繰り返しになりますが、本書は山田方谷という人物がいかに尊敬に値する人物であったかを伝えるための伝記ではなく、また、山田方谷とその時代の歴史をいかに緻密な調査や正確な資料に基づいて検証していくといった論文でも学術書でもありません。

　本書が目指しているのは、彼の取り組みをいかにして現代の経営に役立てるか、という視点として捉えていくことです。ですから、本章で述べることは仮説に基づくものであると言えます。

　本書第4部では知的資産経営として「仮説・検証アプローチ」をご紹介しますが、本章では山田方谷の人物や業績の研究からすれば、仮説は行うが具体的な検証は行わないという、片手落ちな推論を展開します。しかし、現在の出来事でも、その人物が取った行動の背景を正確に分析することは困難であり、また、専門家であっても意見が必ずしも一致するわけではありません。とするならば、ここでは歴史分析の正確さを追い求めず、表面上の出来事からの推論によって、その中に経営に役立つ要素を取り出していこうと考えるのです。そのため、山田方谷の研究者の方から見れば、あるいは適当とは思われない要素が含まれる可能性があることをまずお断りした上で、話を進めてまいります。

1. 江戸時代の通貨

　米本位制とご紹介した、江戸時代には、金、銀、銭という3種類の通貨がありました。従来日本は、中国を中心とする銀本位制の経済圏に組み込まれていましたが、江戸幕府がはじめて全国的に金本位制を導入し、金銀複本位制を

採用することによって、中国の経済環境からの離脱を目指したといわれています。金貨は江戸および江戸以北の太平洋岸の地域で主として使用され、銀貨は大阪・京都をはじめ畿内・西国、および東北以南の日本海側の地域で使用されていました。「江戸は金目、大阪は銀目」と言われる不思議な状況は、江戸幕府が作り出したものではなく、それ以前からの慣行を尊重あるいは妥協したものでした。

　これ以外にも銭というものがあり、また、15世紀に輸入された「永楽通宝」は鐚銭(びたせん)として幕末まで通用していたと言われています。通貨の計算は、4進法と10進法が混ざっており、金1両は4分(ぶ)、1分は4朱(しゅ)で、1両以上は10進法で数えられました。一方、銀貨は、1貫匁(かんもんめ)は1,000匁、1匁は10分、1分は10厘(りん)、1厘は10毛(もう)ですが、本来、銀貨は一定の形状を持たない通貨(坪量銀貨)として、丁銀、小玉銀という、目方を量る建前で通用していました。この丁銀の取引では当然、坪量を計る手数がかかりますから、この欠点を補う方法として、銀目手形の使用が商取引で普及していました。幕府は、物価を安定させる目的で通貨の流通量を調整しましたが、関西商人が発行するこうした手形が貨幣と同様な役割を果たしていたため、十分な効果は得られませんでした。

　金本位制を取る江戸幕府が、江戸中期になって計数銀貨を鋳造したのは、1つには、坪量銀貨の手間を省く狙いがあった他、公定の金銀貨交換比率(公定銀目相場)を定め、銀貨の安定的な流通を図り、幕府の経済的権力・統制を関西にも及ぼそうとしたものでした。さらに、この公定相場は、一定の銀量をその実態価値以上に通用させ(出目(でめ))、幕府の財源を豊かにしようとしたものでした。

　では、幕府が本位通貨とした金と銀の価値はどの程度差があったのでしょうか。1837(天保8)年ころ1両は15.6匁、江戸後期には9.2匁になりました。これは、実際に含まれる銀の量が低下したことを示しています。こうした状況が、山田方谷の行動の理由にもなっていると考えられます。

2. アービトラージ（裁定取引）

　前章の藩札刷新の項で、「藩札は何を後ろ盾にして発行されたものかということが大切であり、旧藩札を新藩札へ転換したことは、それによる負債を銀貨から金貨へ移したと言える」と記載しましたが、この部分を金融専門家の知見を借りて、山田方谷が通貨をどのように理解していたのかを考えると、この改革に対する見方が変わってきます。

　通常、山田方谷の改革とは、「産業を興し生産体制を構築し、大消費地である江戸で販売することで大きな利益を得た」とか「常に誠意を持って事に当たり、見識が広くかつ深い学者」と見られますし、それに間違いはありません。しかし、山田方谷を、「お金を生み出す能力、お金の匂いに敏感な天才」と仮定するならば、いやそうした能力も兼ね備えていた人物とするならば、見方は大きく変わってきます。

　米を主体に社会が構築される米本位制の中で、物を売っていない札差（ふださし）や両替商が大きな利益を得ている。彼らは何を売っているのだろうか。それを考えると、単に良いものを作って消費者に届けるだけが価値を生むのではないことに気付いたはずなのです。

　先にも述べましたが、大量の旧藩札の焼却は、単に決心の表れを表明したものではなく、このパフォーマンスの背景にあるのは銀貨から金貨への転換でした。

　「お金とは信用創造である」と言われます。山田方谷のこの行動こそ、彼が貨幣とは信用であるということを分かっていたからであり、どの貨幣を使うかによって得られるお金が大きく違ってくることを理解していたからだと言えます。

　次に、備中松山藩で生産した鉄製品、特産物を、なぜ江戸で売らなければならなかったかを考えてみます。なぜ、備中松山藩（岡山県高梁市）から約200km離れた大阪ではなく、約750kmも離れた江戸に行ったのかです。

　その理由として、1つには特産物を大阪で売ろうとして、大阪の商人たち

に、借金のかたとして取られることを避けようとしたのではないかという考え方がありますが、それよりも江戸を目指す積極的な理由があったのではないかと思います。それは、それほどの時間をかけ危険を冒してまで江戸に行く価値があったというものです。その価値が単なる可能性だけであれば、おそらく実行しなかったと思われますが、山田方谷には確信があったのです。その確信とはアービトラージ（裁定取引）ができるという確信だと思うのです。先ほど記載した、江戸が356万人、大阪が204万人という当時の商圏人口に差があったにせよ、どれだけ売れるかは分かりません。もっと確実に分かっているものがあったということです。

　このアービトラージとは、取引市場による同じ価値を持つ商品の価格差を利用して利ざやを稼ぐことをいいます。

　この場合、価格差とは、金価格と銀価格の大阪での相場と江戸での相場の差のことです。大雑把な例えですが、同じ鉄製品が大阪では金ならば100両、銀ならば110両で売れるとし、江戸では金ならば120両、銀ならば110両とします。運賃や両替賃を考えないとして、もし確実に行くことができれば江戸に出かけ、金で決済すると120両の金が得られます。その金を大阪に持ち帰り銀にすれば、銀貨を132両分を得ることができるのです。

　つまり米相場のある天下の台所大阪と、玉島港からの船便による江戸での販売をうまく使い分けることによって、より大きな利益を生み出すことができると確信していたからこそ、江戸まで行ったのではないでしょうか。

3. プロジェクトファイナンス

　前項と同様に、山田方谷をお金に対する天才と考えて、負債整理を見ていきます。責任者自ら、実態を隠すことなく、いやすでに隠していたのでは問題は解決しないと感じたからこそ、誠意をもって大阪商人との交渉を行いました。彼は、その返済計画、おそらくは返済の繰延をした上で、何をどのように事業として行うかについては、大阪商人すら圧倒するほどの緻密で経済合理的なプランがあったに違いないと思えます。

さて、借金の返済計画を変更する場合、現代であれば、とりあえず今の借用書に基づくお金は一度返済したことにして、その時点までの元利合計分を元金として、新たな返済計画に基づく借用書を作成するのが普通だと思われます。とするならば、前の借金ではその担保として渡していた大阪蔵屋敷の米を、返済と同時に取り戻した上で、新たな返済計画により融資を受けたことになります。ではこの新しい返済計画は何を担保としたのかといえば、それは事業計画そのものなのです。

　つまり、備中松山藩を会社とすれば会社の信頼によって、米を担保として受けた融資が前者であるなら、新しい融資は、事業計画だけを担保にする融資だといえます。前者の会社に対する融資をコーポレートファイナンスと言い、後者の事業計画による融資はプロジェクトファイナンスといいます。

　このプロジェクトファイナンスは、長期間の融資でインフラ事業などを行う際に実施されるもので、ここで重要になるのは、当然、事業計画であり、その事業計画の中で展開される収益の確かさです。同時に非常に重要なのが、誰が作った事業計画かであり、それを実施するのは誰かということになります。山田方谷という人物が、その知見の確かさ、事業を間違いなく実施するに違いないと、融資を行う大阪の商人たちが確信できる人物であったという点になります。

　つまり、この負債の整理とは、その計画の段階で、商売に優れた大阪商人達を納得させるような、確かな将来の収益獲得能力を示す事業計画であり、それを作り上げた山田方谷という人物の能力の確かさであり、さらに、大阪商人を納得させるような人物であることを示すものであるといえます。そうであれば、プロジェクトとしての備中松山藩の財政改革の成功は、実はこの時すでに、多くの商人達にとっては必然的に訪れる、約束された未来であったといえるのです。

4. SPV

　現代であれば、前述のプロジェクトファイナンスを実施する上で必ず必要となるものがSPV（特別目的事業体）となります。これは、このプロジェクトを実施する目的だけのために構築される組織を指します。それが法人の場合は、SPC（特定目的会社）といわれ、会社組織が構築されています。

　会社というものが無かった幕末の時代に、山田方谷はこうした組織の必要性を理解していたと思われます。それが撫育局であり、山田方谷は、この組織の役割とそれに必要な能力を備えたメンバーを集めていたのです。

　この撫育局は、従来には無い役割の組織であり、武士が大阪商人をも圧倒するほどの事業を行うわけですから、そのメンバーに求められる能力はかなり高く柔軟なものになります。マイケル・ポーターは、「組織は戦略に従う。戦略は産業構造に従う」と言っていますが、山田方谷は、まさしく、産業構造に従った戦略を立て、戦略に沿った組織を構築したと言えます。

5. 六次産業化

　名君として名高い米沢藩の上杉鷹山は、方谷の改革よりも約70年前に藩の財政改革に取り組み、米沢藩としてその改革は100年近くにも及んでいます。こうした改革を方谷が知らないはずも無く、参考にしたと考えられます。この米沢藩の改革は上杉鷹山の死後も続けられた息の長いものでしたが、逆に言えばそれだけ長期間になったのは、その内容が、漆、桑、楮（こうぞ）、紅花、藍の栽培などであったからではないかと考えられます。

　山田方谷は、漆、茶、竹などが主な生産物であった備中松山藩で、米沢藩のように一次産品だけを生産していたのでは長い年月がかかると分かっていたのではないでしょうか。

　現代のわが国では、農林水産業の六次産業化という言葉を耳にするようになりましたが、方谷は当時、どこに富が集中しているのか、それはなぜなのかを

考えれば、一次産品を商人に引き渡しても大きな利益は得られないと確信していたと考えられます。そこで、一次産品から二次産品に、そしてそれを直接販売するというまさしく六次産業としての経済活動を実施したのです。

また、お金の感覚にすぐれていたとすれば、同じ産品を、どこでいつ販売するのかについても、その違いが利益の大きな違いを生み出すこと、そして備中ブランドを構築し、付加価値をつけることによって、大きな利益を生み出せると分かっていたと考えるべきでしょう。

山田方谷の改革と、上杉鷹山の改革とはよく比較されていますが、この上杉鷹山の改革が始まる頃、この米沢藩と同じ現代の山形県の酒田市には、坂田五法と呼ばれ現代の相場でも使われる手法で、江戸、大阪の米相場で大きな利益を出し一代豪商になった本間宗久がいます。方谷は、上杉鷹山の改革とともに、相場の重要性を理解していたと思われます。

6. 金を集めたかった

ニュースで報道されるように、現在も、他国の行動意図を推測することは難しいものです。いやそれどころか、知人や家族の行動ですら、その本当の意図を理解することは、なかなか困難です。また、専門家と称される人たちの間でも、社会の事象についての解釈はさまざまです。このことを再認識した上で、山田方谷の取り組みについて考えてみます。

山田方谷の改革では、山田方谷は金を集めようとしたのではないかということです。では、なぜ金なのでしょうか。

江戸中期に鋳造されはじめた計量銀貨は、その名目よりも実質的な銀の価値は低いものでしたから、銀の価値そのもので流通していた従来の丁銀はしだいに姿を消し、計量貨幣としての銀貨が勢力を伸ばしていました。まさしく、トーマス・グレシャムの「悪貨は良貨を駆逐する」という法則に従った状況が生じたのです。

計量銀貨の5番目として鋳造された天保一分銀（1837年）は、金貨の一分判に通用する銀貨という意味で一分銀と名付けられていますから、これは銀貨

というよりも、銀貨が金貨体系に名実ともに吸収されたことを示しています。

　当時の金と銀の比較を見ると、わが国での交換比率は異様に高いことがわかります。金対銀の交換比率は、海外諸国が1対10の時代に、わが国では1対5でしたが、すでに銀の価格は下落しつつありました。徳川幕府の滅亡をいち早く感じていた方谷ですから、やがて海外からの圧力が強まるとすれば、この交換比率は、外国諸国並みになるに違いなく、銀を持っていてもその価値は低下し続けることになります。そうであるなら、金を中心に考えていたほうがよい。そう考えていたのではないでしょうか。

　明らかだと言えるのは、山田方谷は、金貨、銀貨、銅銭、藩札などが流通する時代に、現代で言えば為替相場にあたる、交換比率を意識した上で藩政改革を行っていたということです。現代なら、為替相場によって、輸出が有利なのか不利なのかが話題になり、生産拠点を海外に移すというニュースも多く流れています。しかし、全国の多くの諸藩では、財政が苦しくなると農民への課税を重くすることだけをやっていたような時代に、新田開墾の場合は税を課さず、後には、農民への課税を軽減するなどをした山田方谷の取り組みは、結果として大きな税収を生み出しています。

　企業経営者の中には、経営が苦しくなると社員の給与を減らし、手当てをカットしたりすることしか経費削減への道はないと考えている人もいますが、同じ仕事で収入が下がれば不満がでることは当然で、これは、農民への課税を重くし続けた、幕末の各藩の対応と似ています。さらに、現代では、人員整理と称して、まずパート社員から契約を切っていきますが、これを、山田方谷の取り組みに当てはめると、彼は、節約を命じましたが、すでにぎりぎりで生活している農民や下級武士には影響がほとんど及ばないようにして、比較的余裕のあった階級に負担を求めています。現代の企業経営者も、安易にパート社員を削減すべきではなく、方谷が自らの俸給を削減し、さらにそれをディスクローズ（情報公開）した姿勢こそ、見習うべきでしょう。

7. 片腕ボクサー

　現代、企業が新しい戦略を進めようとするとき、良い商品を開発することに重点が置かれます。特に中小企業の場合は、商品開発が新しい取り組みの中心になることは間違いありませんが、そこで指摘されるのが、マーケティング能力の低さです。

　中小企業は、良い製品は開発するのだが、それをどこでどのように売るのかということには重きが置かれない。相変わらず、高度経済成長期に企業が取り組んできたように「良い商品を作れば、それは必ず市場に受け入れられる」と考えているようです。そこで専門家がマーケティングについて手助けしようとします。普通、経営者が取り組もうとするのは、このあたりまでだと思われます。

　「あるボクサーは、スピードがありテクニックもある、さらにはスタミナもあり戦略的な戦い方ができる。けれど、彼は片腕だ」。この言葉は、知人の金融の専門家が時々口にする言葉です。つまり、従来から企業経営者は、事業資金や運転資金が不足したときに金融機関に出かけて行きます。金融機関とはそうしたところだと思っているのです。この専門家が言いたいのは、金融技術という、もう一方の腕を使えば、さらに業績は急速に伸びるということなのです。

　現代の経営者ですら、あまり意識していない金融技術の重要性を、幕末の備中松山藩という地方都市に居ながら、山田方谷は理解していたと考えられます。山田方谷のさまざまな改革の取り組みは、それぞれが現代の経営においても参考になるものです。特に、彼の総合的に相乗効果を生み出している取り組みと、金融技術を意識した取り組みは、中核的な部分として、みなさまにあらためて認識して頂きたいと思います。

8. 販売ルートの確保

　方谷が厳しい財政状況の中で実施した公共投資としての河川や道路の整備は、単に内需拡大という意味のものではありませんでした。お金を生む天才として山田方谷を位置づけるなら、公共事業のための公共事業ではなく、お金を得るための投資だったと考えられます。つまり備中松山藩内で生産した鉄製品は、それを売ってこそ利益になるわけですから、販売活動のためには、当然必要なことだと位置づけていたのではないでしょうか。

　さて、本章では、山田方谷がお金のにおいに敏感な金融の天才であったと見て、話を進めてきましたが、彼はうまく仕掛けて他人の金を使い、大金を得ることだけが生きがいのような金の亡者では決して無かったことも理解しておくべきことです。

　その証拠に、現在に置き換えると、百姓上がりの学者が一国の大蔵大臣となり、続いて総理大臣をも兼務する、いわば政治と経済の全権を掌握した独裁者として君臨したのですが、財政改革が成功すると大蔵大臣の地位を去り、総理大臣の地位は残しながらも一人山里の一軒屋に移り住んでしまうのです。

　また、明治維新に伴いペリーの強引な交渉により、国内からは多くの金（キン）が流出することになるのですが、経済だけでなくあらゆる面で十分な能力を発揮した山田方谷を中央政府が求めたにもかかわらずこれを固辞し故郷に留まるというお金にも権力にもこだわりのないところが、山田方谷を無名にしている原因でもあり、それが逆に、いまだに方谷ゆかりの各地で尊敬を集めているゆえんでもあるのです。

9. まとめ

　知的資産経営とは、財務諸表（決算書）には掲載されない、目に見えにくい経営要素について考えますので、話が抽象的になったり、あるいは知的資産経営報告書をいかに書くかという固定的な考え方になったりしがちであると思わ

れます。ですから、本書では筆者がお伝えしたい知的資産経営とはどういうことなのかを少しでも分かりやすくするため、具体的な事例として、この第1部では、幕末の備中松山藩で藩政改革を成し遂げた山田方谷の取り組みを現代の会社経営と合わせて考えながら話を進めてきました。

　筆者は、以前から彼の取り組みこそ、わが国の中小企業発展のために大きな指針となるものだと考えてきました。ここで記載したように、山田方谷は、当時の常識では考えられないような手法を取り入れています。そこで、当時の諸藩で「普通に行われる手法による利益」と、「山田方谷の手法で得られる利益」を比較すると考えるならば、この両者の差が山田方谷の知的資産経営による差であるといえます。つまり山田方谷は、財務諸表には載らない経営要素によって大きな利益を生み出しており、この経営要素が、知的資産だと言えるのです。

　では、山田方谷の改革で何が知的資産だったのでしょうか。山田方谷は強みを活かす経営を行ったのでしょうか。山田方谷は特別な強みを持っていたのでしょうか。当時の備中松山藩は特別な強みをもっていたのでしょうか。山田方谷は利益を生み出すための特別な工業技術を生み出したのでしょうか。あるいは重要な工業技術を持つ職人は当時の備中松山藩にだけ住んでいたのでしょうか。これらの質問の答えはいずれもノーです。藩内には、特別な強みも無く、独自の技術もありませんでした。けれど、逆に答えがノーだからこそ、一般に資本力もマンパワーも強いとは言えない現代の中小企業の経営にとって、役立つヒントがあるといえるのです。

　つまり、利益を生み出す知的資産について山田方谷の取り組みが私たちに教えてくれるのは、自社の強みを生かすというだけではなく、強みを探すことは大切だが、強みが見当たらないからといって、知的資産経営によって大きな利益を生み出すことができないわけではないということなのです。このことが、第2部からの知的資産経営の取り組みに大きく関係してきます。

コラム2

曰く、此れ古の君子が義理の分を明らかにするを勤むる所以なり。
それ綱紀を整へ政令を明らかにするものは義なり。
飢寒死亡を免れんと欲するものは利なり。
君子は其の義を明らかにして其の利を計らず。
ただ綱紀を整へ、政令を明らかにするを知るのみ。
飢寒死亡を免るると免れざるとは天なり。　　　（十二条）

然りといへどもまた利は義の和なりと言はずや。
未だ綱紀整ひ政令明らかにして、
飢寒死亡を免れざる者あらざるなり。　　　（十六条）

　答えて、「ここにこそ昔の聖人が、天下の王道、道理道徳の道である〈義〉と、目の前の利益である〈利〉の区別をしようとした理由がある。
　国家の基本を統一し、法を正しく誰にでも分かるようにする事は〈義〉である。飢えて死ぬ事から逃れようと願う事は〈利〉である。
　聖人はその道をはっきりさせるだけで、自分自身の利益を求めようとはしないものだ。ただ、国の基本を明確に示し法を正しくする事だけしか知らない」と断言している。
　餓死を免れるか免れないかは、天の行う仕事である。
　しかしながら又、〈利は義の和なり〉、即ち正しく利益を追求してゆけば、究極的には、〈義〉の哲学の到達点と同じ所に、〈利〉の追求は到達すると言わねばならない。
　国家の基本が整い、法が整備されれば、餓死する人などいる筈がない。

（深澤賢治著『財政破綻を救う山田方谷「理財論」』2002年から引用　旧漢字を新漢字「飢」にしています。）

第２部　知的資産経営ガイド

Don't judge a book by its cover
表面に見えるものだけで判断するな

はじめに

　知的資産経営という言葉について、ご存じでない方やなじみのない方も少なくないかもしれません。一般的な知的資産経営についてはあらためてご説明いたしますが、本書はより実践的な知的資産経営への取り組みについて記載しておりますので、ここではまず簡単に本書での扱いについてご紹介いたします。

　知的資産経営とは、強みを活かす経営といわれています。本書では、もし知的資産を強みと考えるとすれば、知的資産経営に知的資産（強み）は使うが、知的資産（強み）を使うことだけが、知的資産経営ではなく、ましてや、知的資産経営報告書を作ることでもない。という立場で話をすすめます。一言で言えば、強みという言葉にこだわらなくてもよいのではないかということです。

　2005(平成17)年8月10日「知的資産経営の開示ガイドライン」が経済産業省より公表されました。ここで、企業の超過収益力、企業価値を生み出す源泉として、有形資産以外のものを総称して「知的資産」と定義されました。

　マイクロソフト社のビルゲイツは、「当社の最も重要な資産である開発能力は、バランスシートには掲載されない」と述べています。企業が収益を上げるための最も大きな源泉である知的資産を認識することが非常に重要な時代になっています。

　本書の冒頭で、ラーメン屋さんについて記載しましたように、マイクロソフト社のような大会社やコンピュータソフトを開発している会社でなく、知的資産ということに日ごろ意識を向けていないとしても、あらゆる企業や組織にとって、知的資産は非常に重要なものなのです。

第1章 総論

1. 知的資産とは

　前述したように、本書では、単に特許や商標といった「知的財産」だけではなく、自社が保有しているまたは利用可能な人材、技術、組織力、顧客とのネットワーク、ブランドなど、財務諸表には掲載されない目に見えにくい経営資源（経営要素）の総称のことを示す言葉として、知的資産を使用します。

　なぜ、知的資産を考えることが大切なのかといえば、それは、自社が持つポテンシャルを、経営者自らが再認識し、それを、顧客・ユーザー、金融機関、投資家、従業員、就職希望者等に明確に示すために有用なだけでなく、潜在的なリスクの発見や事業承継にも重要な役割を果たすからです。

2. 使用される名称

　序章でもふれましたが、何が知的資産なのかと、無形の資産をどう呼ぶのかということについても不動のものがあるわけではなく、論者により、またその論者がどんな分野を意図しているかにより多くの呼び方が使われています。例えば、「知的資産」「知的資本」「知的財産」「ナレッジ」「知識資産」「知識資本」「インタンジブルズ」等があります。また同じ言葉に含まれる範囲も論者によって違いがあります。

3. 知的資産の分類

　知的資産を下記の①～③に区分する方法はヨーロッパで広く採用され定着しつつあり、中小企業基盤整備機構の「知的資産経営マニュアル」にも記載されています。
　① 人的資産：個々の人の知識、コンピテンス、経験、スキル、才能など従業員の退職時に一緒に持ち出す知識。
　② 構造資産：組織的プロセス、データベース、ソフトウェア、マニュアル、トレードマーク、フランチャイズ、特許権、組織の学習能力など従業員の退職時に企業内に残留する知識。
　③ 関係資産：顧客関係、顧客ロイヤリティと満足、流通関係その他パートナーやステークホルダーとの関係など企業の対外的関係に付随したすべての資源をいう。

　筆者はこれに、「補完資産」を加えたいと考えます。これは社内外に存在し、ある知的資産と一体化することによって、大きな利益を生み出す可能性が高い資産を言います。あえて、補完資産を加える意味は、関係資産と言った場合、社内あるいは組織内に蓄えられたもの、あるいは自社が構築したものという意味で、自社が保有しているものという意識が働くように思います。これに対し、補完資産と言った場合は、自社のものでなくても、使用または利用可能なものであれば、他社や他組織のものでよいことを指しています。
　ビルゲイツは、「社内外に存在する目に見えない知的資産や補完資産をいかにすばやく融合させるかが重要である」と述べており、このための他社との連携は、従来から経営者の個人的な伝でもって行われるのが一般的ですから、この伝拡大のための異業種交流会はその面で有効であると言われています。

4. 消えていく知的資産

　現代の企業に占める無形資産の割合は、企業価値の50%以上に及ぶと言われているにもかかわらず、企業や組織が保有する知的資産の把握は困難です。それはなぜなのかを、会計の考え方から見てみます。
　現在の会計は、工業化社会には適したものでしたが、無形資産の価値が高まった現代企業の価値の把握には、適しているとは言い難くなっています。
　しかし、経営者は過去の会計の考え方に強く影響されているので、それが、知的資産の把握をより困難にしていると考えられます。

　そこで、まず現在の会計の考え方と資産の定義を見ることにします。会計では、企業会計が成立するための前提条件（会計公準）として、企業実体の公準（企業に限定）、継続企業の公準（一定期間に限定）、貨幣的評価の公準（貨幣換算できるものに限定）の3つの公準があり、この範囲に限定しています。
　つぎに、資産の定義は、「資産とは、過去の取引または事象の結果として、特定の企業により、取得または支配されている、発生の可能性の高い、将来の経済的便益である」とされており、ここから、知的資産も上記の条件に当てはまるのかどうかが、会計上認識されるべきなのかどうかを考えることになります。こうして経営者は、毎年度、主に納税目的のため決算書を作成する過程で、決算書に記載するものだけに注意を傾けることになります。そして、その他のものは、その価値があまり考慮されることはなく、同時にその活用についても不十分になってくると言えます。つまり、組織の知的資産は、本来であれば価値が高まっているものであるにもかかわらず、それを意識せず、評価もしないことから実質的にはないのと同じ状況、死蔵された資産になっているのではないかと考えられます。

5. 一般的な知的資産経営の説明

　本書でご紹介する知的資産経営は、中小企業にとって最も大切な、今の経営に役立つものを目指しており、後でより実践的なツール等をご紹介いたしますが、ここではまず、一般的な知的資産経営の説明を近畿経済産業局のホームページより抜粋して参考までにご紹介いたします。これは、本書でご紹介するものとは内容がかなり異なる部分があるとお考え下さい。

◆　知的資産

　「知的資産」とは特許やブランド、ノウハウなどの「知的財産」と同義ではなく、それらを一部に含み、さらに組織力、人材、技術、経営理念、顧客等とのネットワークなど、財務諸表には表れてこない目に見えにくい経営資源の総称を指します。「知的資産」は企業の本当の価値・強みであり、企業競争力の源泉です。企業経営・活動は、知的資産の活用なしには成り立たないものなのです。

◆　知的資産経営

　そのようなそれぞれの会社の強み（知的資産）をしっかりと把握し、活用することで業績の向上や、会社の価値向上に結びつけることが「知的資産経営」なのです。
　企業が勝ち残っていくためには、差別化による競争優位の源泉を確保することが必要です。差別化を図る手段は色々ありますが、特に大きなコストをかけなくても身の回りにある「知的資産（見えざる資産）」を活用することによって、他社との差別化を継続的に実現することができ、ひいては経営の質や企業価値を高めることができるのです。

◆　知的資産経営報告書

　「知的資産経営報告書」とは、企業が有する技術、ノウハウ、人材など重要な知的資産の認識・評価を行い、それらをどのように活用して企業の価値創造につなげていくかを示す報告書です。
　過去から現在における企業の価値創造プロセスだけでなく、将来の中期的な価値創造プロセスをも明らかにすることで、企業の価値創造の流れをより信頼性をもって説明するものです。

◆ 「知的資産経営報告書」の作成・開示

　従来の財務諸表を中心とした評価では、中小・ベンチャー企業の真の姿（価値）を知ってもらえないことがあると思います。また、経営者にとって当たり前のことでも、周りの人が必ずしもそれを知っているとは限りません。

　知的資産経営報告書は、中小・ベンチャー企業が有する技術、ノウハウ、人材など重要な知的資産を的確に認識し、相手（ステークホルダー）に伝えるために大変有効なものです。

　企業の存続・発展にとって、ステークホルダー（顧客、金融機関、取引先、従業員等）に会社の優れた部分を知ってもらうことは大変重要であり、正確な財務諸表に加え、非財務の情報（自社の持つ知的資産の優位性）を伝えることが必要です。伝えたい相手に自社の優位性をきちんと伝えるために、「知的資産経営報告書」を作成し、開示することで自社の真の姿（価値）を知ってもらいましょう。

以上が近畿経済産業局のホームページに掲載されている、一般的な知的資産経営の説明です。
　また一般的な知的資産経営へのステップとしては
1. 自社の強みをしっかりと認識する
2. 自社の強みがどのように収益につながるかをまとめる
3. 経営方針を明確にし、管理指標を特定する
4. 報告書としてまとめる
5. 知的資産経営の実践

となっています。
これを踏まえた上で、より実践的な知的資産経営について考えてみます。

6．知的資産経営の一般的な説明への疑問

　先程述べた、一般的な知的資産経営へのステップでは、まず、自社の強みをしっかりと認識し、そしてそのことが自社の強みがどのように収益につながるかをまとめる、さらに経営方針を明確にし、管理指標を特定するとなっています。このため多くの専門家が知的資産経営の話をする場合にも、この手順となります。

専門家「御社の強みを見つけましょう。御社の強みは何ですか」
　経営者「そう言われても、これといって強みはありません」
　専門家「いや、そんなことはないでしょう。必ずあるはずです。では、深堀をしてみましょう」
　経営者「ところで、知的資産経営支援にはどれほどの期間とお金がかかりますか」
　専門家「はい、だいたい4〜6カ月で、いろいろな立場の方にヒヤリングをさせていただきますので、最低2〜3時間の面談を4〜6回していただくことになります。費用は、20万円からとなっています。ですが、助成金が出ますから社長のご負担は少なくなります」
　経営者「それは良いですね。それで効果は必ず出るのですか」
　専門家「すぐに必ずでるとは確約できませんが、御社の経営改善にプラスになる可能性が高いと言えます。御社のご負担は軽いのですから是非、取り組ませてください」

　ここでのミスマッチと筆者が考えるのは、専門家の立場から見ると、4〜6カ月かかる仕事であれば、それなりの報酬が必要だということであり、一方経営者の立場から見ると、6カ月かかると、半期がすんでしまう、そんなのんきなことはできないし、それなりの金額をかけて効果があるかどうかわからないというのでは不安だということです。したがって助成金の有無が、経営者の知的資産経営報告書作成の決定に大きく係わっているのと同時に、負担がゼロであれば、経営者はその完成と効果に、それほど期待していないという状況を生み出します。

　また、ヒヤリングに多くの時間がかかることも望ましいとは言えず、経営者からは「もっと手軽に、もっと効果が実感できるような知的資産経営はないの？」と言われそうです。

　そう経営者が思うことは当然でしょう。また、経営者の方からは、もっと営業ツールとして使えるものを作ってほしいというお話も耳にします。

7. 実務者として何を目指すか

　このような経営者と知的資産経営報告書を作ろうとする実務家のミスマッチが、知的資産経営やその支援が広がりにくい一因ではないかと考えています。助成金の有無で結果が左右されることが、知的資産経営が全国的には広まっていない理由でもあります。そこで筆者は知的資産経営支援について次のように考えています。

　知的資産経営報告書が、長い期間と多くのお金をかけてとりまとめるものであるとして、会社を人間の身体と考えるならば、知的資産経営報告書は、精密検査によるレポートだと言えるのではないでしょうか。身体の状況を把握し、健康を維持するために、定期的に精密検査を受けることは望ましいとわかっていたとしても、時間も費用も多くかかる精密検査は、よほど自覚症状が強い場合でなければ、多くの人はめったに受診しないでしょう。通常は、もっと手軽に状態をチェックするものが必要だと考えられます。

　一方、会社の健康状態、つまり会社の経営状態に気を使わない経営者はごく少数だと思われます。そこで、財務諸表（決算書）には掲載されない経営要素について、問診票あるいは1日の人間ドック、定期検診のようなものを作成することにしたのです。それが、第4部で知的資産経営のツールとしてご紹介しているものです。具体的な考え方や使い方は、そちらに記載することにしますが、めざしているのは、個人商店でも、大きな組織であっても、またNPOであっても使えるものにするということです。

第2章 知的資産経営の進め方

1. 知的資産経営に適した経営者とは

　知的資産経営の進め方に入る前に、まず経営者自身を考えてみたいと思います。目に見えない知的資産を扱う、知的資産経営を進める原動力になるのは、どのような経営者なのでしょうか。今までに無い、新しい考え方を取り入れるのは、やはり若さが必要だとよくいわれます。それならばやはり若い経営者ということになるでしょうか。

　筆者は、若さは必要であると考えますが、それは単に暦上の年齢が若いことを示しているとは考えません。第1部でご紹介した山田方谷は、改革に取り組んだ年齢が満45歳～50歳代前半でした。当時の平均寿命を考えると、年齢が若いとは、とてもいえないと思いますが、誰も思いつかないような、過去の常識では測れない改革を成し遂げました。

　現代の経営者においても、目に見えない経営要素を扱う知的資産経営に必要なのは、精神的、あるいは考え方の柔軟さという意味での若さでしょう。もしその若さを持っていることができるのならば、経営者は人生のベテランほど、知的資産経営には望ましいと考えています。なぜなら、ベテランであるほど人脈が豊かであったり、さまざまな分野を経験していたり、社会常識として、いろいろな経済社会動向を見てきたという歴史があるからです。こうした経験は、いくら有能であっても若い世代の方には、とうていまねすることができないものです。

　もう一度、山田方谷について述べれば、彼の両親は、彼が15歳の時に亡くなっていますので、若くして家業を継ぎ商売を行いました。この時、彼は菜種

油の値段の差や、米相場の変動を利用した投機を行っています。この経験が、大阪蔵屋敷の廃止により取り戻した米で利益を生み出し、藩札刷新に役立ったといえます。また、武士は、農民への課税を重くするということしか頭に無い中、彼は、学問を通して中国の財政政策を学んでいました。つまり、こうした人生経験や学びが、大きな利益を生み出す力になったといえるのです。

一方、逆に若い経営者であるならば、新しい科学・通信技術の動き、社会のニーズ、消費者の観点に敏感に反応できる世代だといえます。もしこの若い経営者が、社員の中にいる人生のベテランの経験や知識・知恵をうまく汲み取ることができれば、それは大きな力になるに違いありません。

知的資産経営とは、一言でいえば、目に見えない人と人（会社と会社）の絆や経験・知恵を経営に生かしていこうとするものですから、それをうまく汲み取る経営者としての器と、一見無関係にも感じられるさまざまな要素を結びつける、柔軟な発想ができる経営者こそ知的資産経営にふさわしい経営者であるといえるのです。

2. 知的資産経営の進め方

現代の無形資産をベースとする経済社会において、従来の製造業型経済を背景とした財務諸表では、企業内で生成・醸成されるノウハウ、ブランド、特許、顧客の忠実性といった知的資産、無形財の価値を適切に反映しきれません。

そのため、知的資産を経営に役立てるための進め方については、世界中の研究者がさまざまな角度から検討を加えています。ここでは、小規模組織の知的資産経営支援を意識して取り組んでいる実務家として、知的資産経営の進め方を順にご紹介します。

・知的資産の把握（自分が把握あるいは利用可能な知的資産には何があるか）
・知的資産の発見（どうすれば発見できるか、気付くスキルを高められるか）
・知的資産の創造（新たに知的資産を生み出せないか）
・知的資産の育成・強化（どのように取り組めば価値を高められるか）

・知的資産の権利化(どのようにして具体的な権利にするか)
・知的資産の価値化(どのようにして具体的な価値を実現するか)
・知的資産の適正評価(どのようにして評価するのか)
・知的資産の公表(どのような形で利害関係者に知らせるのか)
・知的資産を活かした組織作り(リスクを低減し、事業を進める最適組織作り)
・知的資産の資金化(知的資産をもとに資金調達を図る)
・知的資産を活かした事業戦略(それぞれの取り組みとしての戦術と、ビジョンに向かう全体的行動を構築する)

　これらは必ずしも明確に区分されているとは限らず、相互に関連性を持っています。項目ごとに具体的にどのように取り組むかについては、組織の状況と経営者(リーダー)の理念や戦略により変化することになります。

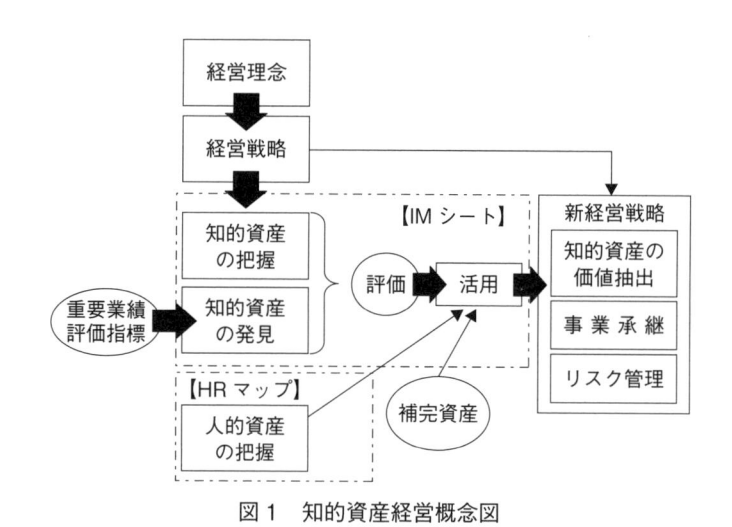

図1　知的資産経営概念図

3. 知的資産の強化

　知的資産経営というと、「知財の方が分かりやすいのではないか」と言われることがあります。知財という言葉に慣れておられる方は以前の権利として無形資産だけを考えていた頃をご存じなのだと思います。現在は、「権」が着かない無形の資産についても経営に生かすという考え方が広がっています。

　知的資産の類似概念として「知的財産」があります。その定義については諸説あり、研究者によっては知的資産とほぼ同義に扱う場合もあります。知的財産基本法（平成14年法律第122号第二条）では知的財産及び知的財産権を以下のように定義しています。

> 「知的財産」とは、発明、考案、植物の新品種、意匠、著作物その他の人間の創造的活動により生み出されるもの（発明または解明がされた自然の法則または現象であって、産業上の利用可能性があるものを含む。）、商標、商号その他事業活動に用いられる商品または役務を表示するもの及び営業秘密その他の事業活動に有用な技術上または営業上の情報をいう。
> 「知的財産権」とは、特許権、実用新案権、育成者権、意匠権、著作権、商標権その他の知的財産に関して法令により定められた権利または法律上保護される利益に係る権利をいう。

　大切なのは、こうした「知的財産」だけでなく、その他の知的資産についても、きちんと把握し、活用するということです。認識しにくい知的資産をどのように把握し、そこからどのように効果的に価値を生み出すのか、という点が専門家による支援で最も重要になっています。知的資産経営の手段と考えられるものは、本書でご紹介しているようにさまざまですが、いずれにしても、どのような効果を期待し、どのように取り組むのかを明確にすることが重要ですから、外部者としての立場を生かして、社内とは異なる別の視野から、円滑に進めるのが専門家の支援ということになります。

4. 知的資産の適正評価

　知的資産の把握は、情報の開示が目的なのか、経営のマネジメントのためなのかは従来から検討されてきた課題です。本書のテーマはマネジメントをいかに行うのかを目的としていますが、それでも知的資産をどのように評価するのかが大切な問題であることに変わりはありません。
　知的資産の評価については、下記のような指摘がなされています。

> 　知的資産を捉えた実体バランスを根拠とすることで、過去の事業結果である業績のみを評価するスタンスから、企業の将来性などの企業実体を把握した、より適切な格付けや取引方針の設定が可能となる。
> 　リレーションシップバンキングの充実に向けて、企業の技術力や営業力を評価する丁寧な審査が必要になっているにもかかわらず、中小企業そのものが非財務情報よりも財務情報重視の傾向にあり、企業の将来性に関係する事項の情報開示が不十分である。
>
> 　　　　　　　　　　　　　　　（古賀智敏著『知的資産の会計』より引用）

　ここで、リレーションシップバンキングとは、資産担保ベースでなく顧客との関係重視の融資のことを言います。
　評価のための指標として、重要業績評価指標（KPI）が使われます。これは組織の目標を達成するための重要な業績評価の指標で、定量的計測が難しいものを定量化するのに多く使われます。
　筆者は、この指標は評価に使用するだけでなく、知的資産を発見するツールとしても使えるものだと考えています。つまり、同業者がどのような指標を用いて評価しているのかを見て、自社を振り返れば、今まで気付かなかった自社の知的資産に気付く可能性があるということです。また、知的資産経営への第一歩としても、同業者の重要業績指標は参考になると言えるでしょう。

5. リーダーと知的資産経営

　さまざまな場面において、経営者（リーダー）には、その行動の根本に位置する理念がまず大切であるといわれています。これを企業に当てはめれば経営理念ということになり、中期経営計画としてのビジョンが具体的目標になります。

　一般的に、知的資産経営は企業の強みを生かす経営と言われていますが、この強みとか弱みは、どんな理念に基づき、どんなビジョンを持っているかによって異なってきます。企業の進む方向が明らかでなければ、何を強みと言えるのかが決まらないからです。

　したがって、知的資産経営では、経営者（リーダー）の果たす役割は大きいと言えます。中小企業の経営者の中には、経営者自身が社で発生する問題の原因である場合もありがちです。例えば経営戦略について言えば、次のようなパターンです。

　・戦略が現実不可能（ギャンブル）：社員（メンバー）が努力しようがない。
　・戦略の議論、可視化、伝達が不十分：社員（メンバー）が誰も知らない。
　・戦略は立てたがチェックはしない：かけ声だけで反省がない。

　その結果、結果オーライまたは組織という船が沈むまでそのまま進み、この間に優秀な人材は、沈みかけたこの船から脱出していくので、ますます沈没が早くなるのです。

　自社の有形資産（動産・不動産等）を、その他の知的資産と組み合わせてどのように使うかを決めるのは、経営者が何を目指し、それを、どう使い、どう生かすのかという知的資産の活用戦略が重要であり、これが将来の利益を生み出します。つまり、一言で言うなら、知的資産の把握・活用にはリーダー（経営者）の理念と判断が必要であるということになります。

6. まとめ

　ここでは、工業化社会の中で発達してきた会計原則に慣れた結果、知的資産が企業価値の半分以上を占めるようになった現代においても、まだその知的資産の価値を充分には認識されていない、ということを理解していただく必要があるのではないかということについて述べました。

　つまり大切なもの、価値あるものも、その存在を意識し、気付かなければそれを生かすことが難しいということと、従来、意識が低いからといって、それは価値がないことではないということには特に注意が必要です。

コラム3

　「知識労働者は、それ自体独立して役に立つものを生み出さない。排水溝、靴、機械の部品などの物的な生産物は生み出さない。知識労働者が生み出すのは、知識、アイデア、情報である。今や知識労働者は、アメリカ、ヨーロッパ、日本など高度の先進社会が国際競争力を獲得し維持するための唯一の生産要素である」（P.F. ドラッカー）

　人の持つ能力は、退職と共に社外に流出してしまいます。狭い意味での人的資産と呼ばれるものです。ですから、従業員の能力開発に費用を費やしたとしても、それが生かされることなく流出する可能性もあります。そのため、費用を抑えた、インターネットによる社員教育も行われています。こうした教育は確かに理屈上は、実績管理ができ、費用も少ないのですが、その効果確認は適切に行われているでしょうか。ただの帳面消しといった教育にならないような工夫が必要です。教育の目的はどこにあり、その目的に沿った能力開発の成果が出ているのかどうかは慎重に見極めなければいけません。この効果はいつ発生するのかも考えておく必要があります。教育の効果は、一定期間にわたる継続的な測定によって確認できるものだからです。

　経営者が社員を、上からコントロールすればするほど、部下の潜在的能力を活性化することはできなくなります。教育だけでは知識しか身に付きません。知識が有効に働くようにマネジメントを工夫する必要があるのです。あなたの会社の職場や仕事を実際に動かしているのは誰なのでしょうか。そしてその人の処遇は適切でしょうか。もし処遇に問題があるとしたら、その影響はどのようなところに表れるのでしょうか。そうした兆候に早く気付き適切な対応をすることが大切です。

第3部　オフバランスシート

Keep your eyes on the sun and you never see the shadows
　　　　　明るい太陽を見ているときにも影はある

はじめに

　第1部で見ていただいた、山田方谷の改革のすばらしさは、一言で言えば総合力・組み合わせのすばらしさだと言えます。では私たちが、こうした総合力・組み合わせる力を高めるためにはどうしたらよいのでしょうか。私たちは子供の頃から、科目を決めて学習し試験を受けています。そのためいつの間にか、いろいろなものを、分野に分けて理解しようとします。この分野を分けることで、学習はしやすくなるのですが、一度一つの分類と思いこむと、その分類の中でしか物事を考えなくなるのではないでしょうか。例えば、山田方谷の改革を経済改革と考えれば、一見経済活動には思えない事柄は、考慮の対象から外してしまうのではないかということです。

　知的資産経営とその支援も、知的資産と思うとマイナスの要素は考えなくなります。また簿記や会計を学ぶと、そのルールに則り正確に帳簿をつけ、財務諸表（決算書）を作成するということに集中しますから、財務諸表に掲載されないものは、資産でも負債でもないと、いつの間にか思いこんでしまうのです。

　これは、そもそも当たり前のことでしょう。会計公準では、貨幣評価の公準というのがあるのですから、あくまで貨幣に換算して掲載します。ここでいつの間にか見落としていると思うのは、貨幣に換算してというのは、一定のルールで貨幣評価が比較的簡単なものに限定しているということであり、価値があると認められるが、どのように貨幣評価すればよいのか明らかでないもの、あるいは意見が食い違うものは掲載されていないということです。さらに、財務諸表を見てばかりいると、そうした価値はあるが評価が困難なものに、貨幣的価値があるということを忘れてしまうのではないでしょうか。

　そこで、本書で提唱したいのが、最初からオフバランスなもの（財務諸表に載らないもの）を、"オフバランスシート"として表し、経営を進める際、オンバランスなもの（財務諸表に掲載されるもの）と同時に常に意識していこうということです。これは、とりもなおさず、本書の目的である知的資産（将来

の収益発生につながる可能性のある経営要素）を見つける意識を高めるものでもあります。

　このオフバランスシートは、財務諸表の様式に習い、その効果の発現が期待できる期間により、短期知的資産、中期知的資産、短期知的負債、中期知的負債としています。さらに、知的資産を育成強化するものを知的資産側（借方）に、経営者の個人的基盤を資本にあたると考え負債側の下部（資本の部）に整理しました。このシートにより期待できる効果は、経営にあたり認識しにくい要素を定期的に認識するとともに、それらの要素を相互に関連づけて取り組めば、相乗効果が期待でき、さらに、一見、マイナスと思われる要素ですら、プラスの資産に変える可能性があることを、意識する効果があると思っています。ここに記載した要素は多岐にわたりますので、すでにご存知の内容は確認として、また馴染みの無い要素は、その入り口としてお読みいただければと思います。

　第3部では、このオフバランスシートを取り上げ、最後に、経営者が今後の経営戦略を考える上で参考になると思われる、経営戦略論の変遷を鳥瞰します。

　なお、次頁にオフバランスシートを掲載していますが、このシートに記載した要素の内、本文に記載していないものもあります。

表2　知的資産オフバランスシート

短期知的資産　⇒ 57 頁	短期知的負債　⇒ 83 頁
知的資産の把握	悪徳商法被害
知的資産の発見	使用者責任
知的資産の創造	業務上交通加害事故
知的資産の育成・強化	通勤中の事故
知的資産の権利化	情報漏洩
知的資産の価値化	情報保護対策
ナレッジマネジメント	セクシャルハラスメント
知的資産のIT化	パワーハラスメント
レピュテーション戦略	公益通報者保護
プレス戦略	セキュリティ対策
Web戦略	営業秘密
	人的負債
中期知的資産　⇒ 75 頁	モラルの低下
アライアンス戦略	安全教育
ストラクチャー戦略	防犯対策
ファンド戦略	コンプライアンス
補完資産の利用	リスク管理
知的資産を活かした組織作り	
	中期知的負債（リスク）　⇒ 97 頁
育成・強化ツール　⇒ 111 頁	防災対策
先使用権	事業承継
特許関係手続と行政書士	事業譲渡
不正競争防止法	M&A
企業評価	企業評価
内容証明郵便	経営者の個人的基盤　⇒ 122 頁
著作権	揺れ動く夫婦関係
契約書	遺言より前にすること
告訴・告発	遺産分割
資格取得申請	相続
確定日付	墓地管理（改葬）
助成金申請	
	知的資産経営ツール　⇒ 133 頁
経営戦略論の変遷　⇒ 128 頁	5分シート
ポートフォリオ	IMシート
エクセレントカンパニー	HRマップ
コアコンピタンス	仮説・検証アプローチ
ダイナミックケイパビリティ	
	知的資産経営報告書

第1章 短期知的資産

　短期知的資産とは、日々の業務の中で、知的資産を積極的に生かし、経営戦略や企業価値につなげるために取り組むべきものを指します。

　本章では、次のことを順に紹介します。

1. 知的資産の把握
2. 知的資産の発見
3. 知的資産の創造
4. 知的資産の育成・強化
5. 知的資産の権利化
6. 知的資産の価値化
7. ナレッジマネジメント
8. 知的資産のIT化
9. レピュテーション戦略
10. プレス戦略
11. Web戦略

また、ナレッジマネジメントやパソコンが苦手な経営者のためにパソコンの基本的扱いについても、エッセンスをご紹介します。

1. 知的資産の把握

　知的資産の把握とは知的資産の棚卸しとも言えるもので、自社（組織）の強みと考えられるもの、あるいは弱みであるかもしれないが、特徴的なもの、自社（自分の組織）のかかえる課題を記載します。

ここで大切なことは、これは価値がないとか、これは弱みだから関係はないと考えないことです。何かの状況が変われば、あるいは、他社との適当なマッチングが行われれば、大きな強みになる可能性があります。切り捨ててしまい記載しない、最初から考えないのではなく、ただ条件が不足していると考えましょう。つまり、どんな条件が加えられるとそれは企業に価値をもたらす存在になれるのかという視点で考えていきます。

　実施方法は次の通りです。

① IMシートを使います。IMシートの各項目名は変更しても構いません。詳細は、第4部を参照してください。
② とにかく現在の状況を書いていく。特に何があればその状況が優位になるかを考えながら記載します。
③ 経営者だけが記載するのではなく、複数の担当者、チームリーダーなどが記載して持ち寄れば、細部から全体までを経営者が見るのに効果的です。
④ あるリーダー、部署の長が、IMシートを「書けない」ということはないはずです。この作業を通じて、現状を把握する、今後の取り組みを考える、その取り組み結果を数値で確認するという一連の作業の始まりがこの「把握」です。

2. 知的資産の発見

　本書で、知的資産の発見とは、従来、経営者（リーダー）自身が、知的資産だと考えていなかったようなもので、外部の目あるいは、従業員や他のメンバーが価値あると考えているものを見つけることをいいます。

　そのためには、ブレーンストーミングやKJ法の使用など、自由な雰囲気の中で意見が出し合える手法や、お互いが自由に記載したものを持ち寄るということが必要です。

　また、過去のお客さま対応や会議などで提出・検討されたアイデアについても、その中に、これからの経営に役立つヒントが見つかるかもしれません。

奇跡のリンゴでよく知られた、リンゴ農家の木村秋則さんは、6年間も理想のリンゴを作ろうとして、失敗し続けました。工夫して、工夫して、すべて失敗し、大切なリンゴの木も枯れ始めました。
　「もう終わりだ。家族にも迷惑をかけた」彼は、死に場所を探して森に入ります。「首をくくって死のう」そう思って、森の中を歩いて、ある適当な木の枝を見つけました。これなら良さそうだ。
　そう思った彼の目に飛び込んできたのは、手入れをしていない森の、自然の土のすばらしさでした。そこで、彼は新しいヒントを得て、これが奇跡のリンゴを生み出しました。
　各担当者やリーダーが、知的資産経営に生かすというつもりで、資料を見てみるのも有益でしょう。この木村さんには及ばないものの、大切な価値あるものが、実は一番身近にあったというのは、よく耳にする話です。

3. 知的資産の創造

　ここで、知的資産の創造とは自社（組織）内で、知的資産を見つける活動に加えて、同業他社の知的資産経営への取り組みを参考にしながら、自社の知的資産を生み出すことをいいます。
　何を参考にするのかといえば、他社が作成し公表している知的資産経営報告書に記載された、重要業績指標（KPI）です。事例を次頁に示しています。
　重要業績指標（KPI：Key Performance Indicator）は、組織の目標を達成するための重要な業績評価の指標で、定量的計測が難しいものを定量化するのに使われるものです。KPIの具体例を検索する方法としては、インターネットにより、「知的資産経営報告書」や「企業の魅力発信レポート」などという文言で検索し、同業他社の取り組み例などを参考にします。
　知的資産経営に具体的に取り組むためには、KPIという結果を生み出す前の「先行指標」をどうするのかが重要となりますので、この「先行指標」として何が使われているのかにも着目する必要があります。つまり、経営目標としてはKPIを使うのですが、KPIは結果を示す場合が多いと考えられますので、

表3 重要業績指標（KPI）の実例集

【カフェ】 メニュー開発件数 情報発信件数 国内市場調査件数 社外の協力人材数 社内制度数 採用人員 【電子部品の製造・菓子製造販売】 （5年後目標） 人材の多能工化率 50% 従業員採用人数 70 名 高スキル人材育成 30 名 新商材開発数 10 件 商標登録数 3 件 安全性担保数 20 件 求人予定企業数 50 社 事業主面談数 50 社 年間受注件数 25 件 提携先販売店 10 店 U・Iターン受入企業数 10 社 リピート購入率 50% 福祉関係技術協力先 10 社 【金属の精密加工】 品質不良件数 ↓ 一人当たり生産高 ↑ 原価率 ↓ 納期遅れ件数 ↓ 総合リードタイム ↓ 工程内不良率 ↓ 情報管理工数率 ↓ 材料歩留り率 ↑ 準備リードタイム ↓ 生産リードタイム ↓ 【医療用品メーカー】 売上 60 億円 　（2008 年度比 2.3 倍） 付加価値 20.4 億円 　（2008 年度比 2.6 倍） 自己資本比率 70% 　（2008 年度比 18.2% UP） 総資本経常利益率 25% 　（2008 年度比 7.0% UP） 社員数 80 名 　（2008 年度比 21 名 UP） 自社製品比率 55% 　（2008 年度比 23.8% UP）	売上成長率 利益成長率 総資本経常利益率 　（対昨年比） 社員数対昨年比 自社製品比率対昨年比 外部研修受講率 専門性教育実施率 階層別教育実施率 資格取得率 新規商品提案件数 新規商品開発件数 商品改善提案件数 企画会議実施件数 客単価増加率 リピート客増加率 クレーム件数 顧客満足度調査 【有機野菜製造販売】 市場占有率 30% 顧客ロイヤリティー 定着率 地域一番店での売上確保 一般管理費 納期遵守率 100% 納入 LT 厳守 生産性向上（平準化等） ベビーリーフ・コンソーシアムの追求 【果実・野菜の販売】 契約農家数 1,700 軒 産直ギフト会員数 20,000 人 産直ギフト出荷数年間 170,000 件 【養鶏業】 特殊卵・加工食品商品の充実 新製品開発の促進 　（1.5 アイテム／年間） 高付加価値商品のブランド化 新規顧客の開拓 　（新規 6 件／年間） 生産効率の向上 物流システムの見直し 歩留まり率 1.5% の改善 行動力とチャレンジ精神を持ったスタッフの育成 地域密着型で双方向のコミュニケーションを重視	【造船業】 線状加熱技術者数 多能工化率 承継技術映像化率 顧客・取引先等交流件数 得意先数 受注件数 クレーム発生率 設備稼働率 総資本対経常利益率（ROI） 従業員一人当たり付加価値額 （労働生産性） 【日本茶製造卸】 商品別売上高・利益率 売れ筋商品 新商品売上高 アイテム数 固定客・新規客数 チャネル数 チャネル別売上高 ネット販売高・数 海外店舗別・商品別売上高 仕入先別仕入高 材料歩留まり率 クレーム件数 プロジェクト進捗管理 改善提案数 日報 【精密機加工・熱処理】 新製品開発件数 プロジェクト件数 離職率 データベース件数 データベース活用件数 カタログ化件数 設計利用件数 予定採用人数達成率 目標達成件数 離職率 改善提案件数

（出典：知的資産経営報告書 2009 年）

それを達成するための具体的な取り組みは、先行指標をもとに進めることになります。具体的に何を取り組めば、求める成果が得られるのかを考えながら先行指標を決めます。この先行指標は、一定期間取り組んだ後、それでは目指す成果に繋がらないと分かった場合は、変更する必要があります。

4. 知的資産の育成・強化

　把握・発見した自社の知的資産は、そのままでは知的資産の価値が大きくないかもしれません。それを大きく育てるためには、たとえば、バラバラなデータを、使える形の情報にするなどで組織全体の知識に育てることが必要です。
　社内にある知的資産を育成・強化するため、ナレッジマネジメントの手法を活用するのも有効な手段です。
　中小企業の場合、大きなお金をかけて、ナレッジマネジメントシステムソフトを採用するのではなく、フリーソフトなどを活用しても、一人の経験や知識、取り組みへの知恵を、会社の財産として、社員で共有し、活用を図ることができます。
　ここで大切なのは、実効性があることです。立派なデータベースを作るのが目的ではなく、会社の財産として効率化を進めるために活用するだけでもなく、知的資産経営としては、そうした社員個々のデータから、新たな経営戦略のアイデア創造につながるような利用のしかたが望ましいと言えます。
　そのためには有益な情報が多く集まることが必要ですので、新たなアイデアにつながった有効な情報をナレッジとして提供した社員にも、恩恵が与えられるような運営が必要です。

5. 知的資産の権利化

　知的資産経営の権利化とは、知的資産を育てる取り組みの中で、それを権利として確保することで、それを他者に使われることを防いだり、後日、紛争が起きた際に、自社に有利な解決が図れるようにしたりすることを指します。

これには、専門家のサポートが必要だと思われます。ここで、権利とは「特許権」というようなものだけではありません、常識的に考えて、「自社に当然権利があり、それを勝手に使われるのはおかしい」と感じるようなものであれば、権利化できる可能性があるといえます。

権利を生かした取り組みとしては、「ライセンスの使用を許諾する契約」「合弁事業を実施する」「戦略的な業務提携をする」などが考えられます。これらには当然、契約がともない、どのような内容にするかということが大切ですが、それ以前に、有利な契約が締結できるように準備しておくことが重要になります。詳しくは、第5章の育成・強化ツールをご参照下さい。

6. 知的資産の価値化

知的資産経営の価値化とは、知的資産を活用して現実的な価値を生み出すことを言います。そもそも、会計では「資産」を「発生の可能性の高い将来の経済的便益」としており、本書で扱う「知的資産」も「企業に経済的便益を与える可能性が高い」と考えられるものを想定しています。逆説的ですが、価値を生み出さない（生み出す可能性が非常に低い）ものは「知的資産」とは言えないことになります。

パトリック・サリヴァンによれば、知的資産から価値を生み出す方法としては、

① 販売
② ライセンス許諾
③ ジョイントベンチャー
④ 戦略的アライアンス（提携）
⑤ 現業に統合
⑥ 新規事業の創設
⑦ 寄付

があるとされています。こうしたことを踏まえて、戦略を構築していくことになります。本書に記載の関連項目もご参照下さい。

7. ナレッジマネジメント

　ナレッジマネジメントとは、もともと「ファイヤー、フォゲット」と言われるように、社員が退職すると、それに伴いその社員が持っていたノウハウや無形の価値あるものが失われることのないように、組織の資産として把握し活用しようとしたものでした。

　狭義のナレッジマネジメントとは、ベストプラクティス（社内外の先進事例や成功モデルのこと）の共有に主眼をおくもので、IT 利用の域を出ないものも多いと言われています。

　広義のナレッジマネジメントとは、「知識経営」とほぼ同義で、形式知だけでなく暗黙知も重視し、暗黙知と形式知の相互作用による知識創造を重視するゆるやかな概念です。

　こうした定義のなかで最も重要なポイントは「知識から価値が生み出される」ということで、IT は、主要な目的である価値創出のための資産、あるいは環境の一部にすぎないという点です。

　現在では、ナレッジマネジメントとは、知識の創造や共有・移転、活用のプロセスを通じて最大限の価値を引き出すための、プロセスデザイン、資産や環境の整備、ビジョン、リーダーシップを指すとされています。

　その一方で、ナレッジマネジメントへの期待効果としては「組織の基礎体力づくりへの取り組みである」という意見もありますが、中小企業の場合、こんなのんきな話ではなく、安価でしかも実効性のある取り組みが求められます。

　ナレッジマネジメントのポイントは、ナレッジのシェアリングをいかに効率よく行うかということであり、その前にすべきは、ナレッジを誰でも利用できる形に整えることです。

　こうした共有のナレッジを通じて新しいナレッジの創造へと連鎖反応させることが重要で、刺激が次の創造を生み、その創造がまた次の創造を生み出すという好循環が始まれば理想的です。

　多くの場合、ナレッジの多くは個人に帰属し組織で共有されないという個人

の意識や企業文化が壁となり、ナレッジマネジメント実践を阻害します。そこで前にも述べたように、有益な知的資産を、利用されやすい形で提供した社員に対する報酬制度を考案するなどの仕組みづくりが必要になるでしょう。

サッカーでは、ゴールを上げた（得点を上げた）選手だけでなく、その選手に有効なパスを出した選手も、アシスト数としてカウントされます。こうした、知的資産（ナレッジ）のアシストとして評価する仕組みが個人意識の変革を促すためにも有益だと考えます。

ナレッジマネジメントシステムを本格的に導入した場合、その機能を利用して、アクセス回数（閲覧回数）の統計値は、そのナレッジごとでも、従業員ごとでも集計することができます。

ナレッジごとのデータを見れば、各ナレッジの必要性が明らかになり、また、個人ごとのデータからは、従業員一人ひとりのナレッジマネジメント実践に対する積極性として置き換えることも可能となります。

8. 知的資産のIT化

ここでは、パソコンが苦手というベテラン経営者の方のために、パソコンの基礎についてご紹介します。もちろん経営者ですから、このパソコンを使って何をするのか、従業員に何をさせるのかを考えるための知識となります。

（1）スムースな入力を早く身につける

「パソコン教室で習ったけど、先生の言うとおりボタンを押しただけで、ぜんぜん身についていない」とお感じの方も多いようです。これからパソコンを早く身につけたいとお考えなら、「とにかく入力が速くできるようになること」を目指してください。

最初はキー操作ミスがつきものです。せっかく苦労して打ったのにそれを消すことになったと、ショックを受けないためにも入力を早くしておくべきです。その際、文字入力は、ローマ字入力をお勧めします。

73歳の女性の方も、初めてパソコンに触ったにもかかわらず、その日のう

ちに、どんどん入力できるようになりました。子供の楽器習得方法を応用した独自の練習方法を使えば、いきなりブラインドタッチが目指せます。

なぜローマ字入力をお勧めするかといいますと、下記を覚えれば入力が進むからです。

① ローマ字はすべて覚えても 22 文字です。
② ローマ字入力でとまどうケースはこんな場合です。
　　gakkou（学校）、nyannko（ニャンコ）、vaiorinn（ヴァイオリン）
③ ローマ字入力でブラインドタッチをすると、一つ厄介になるのが左手薬指と小指での入力です。この指は「ア行」「シ行」を打つため、日本語では大変重要です。そこで、これらの指の練習用短文を紹介します。ぜひ、ローマ字入力でチャレンジしてみてください。
　　・小川サラサラ三サラサラ　合わせてサラサラ六サラサラ
　　・冷え切った体を砂糖水で温めながら　みんなに支えられてがんばってやってみた

（2）ショートカットキーの利用

次に、ウィンドウズパソコンの共通事項です。知っていれば操作が簡単です。これはショートカットキーといって、［CTRL］キーを押しながら＋の後ろの文字を押すと使える機能です。初期設定が変更になっている場合は、これとは異なる場合があります。また、ソフトによっても、これと異なる場合があります。

　　CTRL＋A：全部選択
　　CTRL＋C：コピー
　　CTRL＋V：貼り付け
　　CTRL＋Z：直前操作を戻す
　　CTLR＋S：上書き保存
　　CTLR＋F：文字列検索
　　CTLR＋H：文字列置き換え

（3） エディタの利用

　エディタとは、文字データだけを扱う高速ワープロのことを言います。インターネットから取得した文章などの貼り付けに使います（いったんエディタに貼り付けてから、それを再度選択しワープロに貼り付けることで余分な書式や文字飾りを除きます）。

　お勧めは BigEditor, EmEditor, サクラエディッタ、QX エディッタで、いずれも無料で利用できます。

（4） 表計算ソフトの利用

　「パソコンが苦手で、時間もないので、何か一つだけ身につけたい」。そうお考えの経営者の方なら、エクセルなど表計算ソフトだけを身につけることをお勧めします。

　その理由は、表計算ソフト1つで、一般的文章作成、表、グラフ、表計算・集計データベースの構築などができるからです。

　表計算ソフトを早く学ぶコツは、下の2つだけです。
　① セルというものを理解する（マンションの隣の部屋は別の家庭と考える）。
　② 学ぶ際は、画面で見渡せる範囲の小さな表を作って試して結果を見る。

（5） 写真（画像）編集ソフト

　写真の画像は、データの大きさが大きいという特徴があります、これを利用するためには画像編集のソフトがあった方が便利です。

　（ウィンドウズ）ペイントは画像を小さくする、余分をカットする写真加工用ソフト（フリーソフトもあり）です。JTrim, Pixia がお勧めです。

（6） 無料ソフト

　低価格のパソコンを購入しても、インターネットが接続できれば、無料で有用なソフトが手に入ります。無料と言っても、過去から実績もあり、利用者も多く、信頼できるソフトも豊富にあります。

（7） 簡単で手軽なナレッジマネジメント（フリーソフト利用）

　エディタソフトに「サクラエディタ」というのがあります。これは、前述の通り、文字データだけを扱うもので、データベースソフトでも表計算ソフトでもワープロソフトでもありません。ですが、ワープロソフトなどで従業員一人ひとりの経験知を、テキスト形式で保存しておけば、このソフトを使って検索することができます。「なんだ、文字検索のことか」と思われる方もいらっしゃるかもしれませんが、文字検索が開いているファイルで行うのに対し、このエディタなどにある「Grep」という機能は、開いていないファイルの内部も検索対象として、見つけて表示してくれます。

（8） 簡単なデータベースの作り方・使い方
① ネットで検索したデータの文字の部分をコピーしてテキストとして保存します。URL もコピーしておくと元のサイトに戻るのに便利です。また書籍や出来事をワープロ感覚で自由にメモし、保存します。
② 保存場所は適当なフォルダとします。ファイル名もご自身で適当に付ければ OK です。複数人で利用する場合は、作成者をファイル名か本文中かに記載します。
③ データ検索をします　サクラエディタを起動し、「検索」→「Grep」により Grep 機能を起動します。「条件」欄に検索したい文字列を入れ、「フォルダ」欄にデータが入っているフォルダを指定します。これで「検索」をクリックすると、その文字列を含むファイルと該当行がすべて表示されます。つまりインターネットの検索エンジンのように使用できます。

　なお、Grep 機能があれば他のソフトでもほぼ同様に利用できます。フリーソフトのエディタにはこの機能を持ったソフトがいくつもあります。
　こうしたフリーソフトを使うためには、事前に「サクラエディタ」などGrep 機能を持つソフトをダウンロードし、使えるようにしておく必要があります。

9. レピュテーション戦略

　本書に共通する事項であるので、本題にはいる前にあらためて用語について触れておきます。本書は、実務家がまとめた経営者、特に中小企業経営者のためのものです。ですから、国内外の学者が、年数を書けて導き出した理論的なものとは異なります。具体的には、どの用語が正しいか、他の事柄との理論的整合性はどうかということにあまり重きを置いていないということです。

　どの定義が正しいか、有力か、どの考え方が新しいかなどの分析は、学者に任せておきたいと思います。それは、その理論的な学者の用語とその定義も論者によってさまざまですが、筆者が目指しているのは、経営者の方がイメージしやすく、自社の新しい経営戦略を考えやすいかどうかだからです。そこでは極論すれば用語の使い方が多少理論的でないにしろ、経営者の方が新しい経営戦略を考える場合や、その結果としての良い業績につながる物であれば、それは有益な考え方であるからです。

　ここでは、レピュテーション（企業の評判）を扱います。参考とした文献は、『コーポレート・レピュテーション』（桜井通晴著）です。この著者は、この言葉を使っていますが、使いにくければ、企業イメージ程度に考えておけばよいのではないかと思われます。また、この著者は、企業の評判ないしコーポレート・レピュテーションを新しいタイプの資産（レピュテーション資産）として位置づけています。

　本書では、バランスシートに掲載されない企業の価値全体を知的資産として、大雑把に扱っていますが、この論者は、例えば、企業がよく知られるようになり結果として企業価値が増加した場合、それは知的資産が増えたのではなく、レピュテーション資産が増加したのだとしています。

　また、エルメス、グッチ、シャネルなどのブランドが知的資産であるかについても疑問を投げかけています。その一方で、現実には、ブランドとレピュテーションを明確に区分することは困難であるとも述べています。

　議論をややこしくしているのは、ブランドといいながら、コーポレート・ブ

ランドを含意している論者がいるからで、「企業」を重視するコーポレート・ブランドは「商品」が重視される個別ブランドとは明確に区別されなければならないとしています。

つまり、企業としてのブランドと企業のレピュテーションを明確に区別はできないが、ここでレピュテーションと言っているのは、商品の評判ではないということです。

ではなぜ本書で、レピュテーションとして取り上げているかといえば、それは商品としてのブランドが、消費者によって評価され、個々のブランドはその収益力によって資産として評価される反面、その構築には長い期間を要しますが、企業のレピュテーションは、ブランドに比べれば比較的容易に自らの努力で向上させることができるからです。

つまり、経営者が中心となり企業として誠実な活動を積み重ねることで培われた評判が、企業業績にも良い影響を与える資産にもなりうると考えられるからです。

その一方で、良い評判よりも広がりが速いのが悪い評判です。

人間関係と同様、良い関係（評判）を築くまでには時間がかかりますが、それが悪い関係（評判）に変化するのは、ほんの一瞬とも言えるほどの短い時間です。

経営者や社員が、相手や周囲に気を配った行動を繰り返して、長い期間をかけてレピュテーション（企業イメージ）を高めたものを、一部の社員のたった1回の行動で落とすことの無いよう、経営者は注意を払う必要があります。

ここで取り上げたレピュテーションも、ある時は、企業価値を高める無形資産となり、収益獲得の源泉ともなりますが、場合によっては逆に、本書で取り上げる知的負債として、高まった企業価値を大きく損なう場合があります。

◎レピュテーション・リスクに影響する事象
① 自然災害（地震後の油田火災）
② 人災（パイロットのミスによる飛行機事故）
③ 製品の不良品（半導体の発火）
④ 生産の妨害（テロリストによる生産妨害）

⑤　情報漏洩
⑥　法的リスク（誇大広告や不正表示）
⑦　環境破壊
⑧　健康被害（古いミルクの使用による下痢）
⑨　労働問題（ストライキ）
⑩　セクハラとパワハラ
⑪　財務報告（粉飾の発覚）
⑫　IR関係（メディアへの説明不足）
⑬　政府との対応（政治的な関係で優良顧客との契約破棄）
⑭　その他

（桜井通晴著『レビテーション・マネジメント』より引用）

10. プレス戦略

　地元の報道機関は、地域に身近な情報を提供してくれる中小企業にとっては大変有意義なもので、他社の取り組みを知り、取引先を見つける良い機会を与えてくれます。ここでは、プレスに対して、自社を発信していくための留意点を記載しておきます。広告を掲載するというのではなく、自社の製品、取り組みを記事として、"無償で"掲載してもらおうというものです。

　目的により、地方の経営者の方に知っていただきたいのか、一般市民の方に知っていただきたいのかにより、どのメディアが良いかは違いがあります。多くの企業にとって、特に地元紙は有意義ですが、あくまで、読者（市民）が読んで意味がある内容、つまりニュースとしての価値があるものとして、情報を提供することが大切です。

　また、一般的なプレスに記事を掲載してもらう際の留意点として、発信者の意図した通りに掲載されるとは限らない、ということに注意が必要です。そのため、何がポイントなのか、何を読者に知って欲しいのかということを明確にしておき、記者の方に十分理解して頂けるようにする必要があります。

〈メリット〉
・お金をかけずに多くの人に知ってもらえる。

・新聞の場合などは情報の信頼性が高い。

〈デメリット〉

・掲載の時期が任意には設定できない。（困難）

・掲載の大きさ、場所も選べない。（困難）

・どのような記事になるのか最終稿を確認できない場合が多い。

こうした、プレスのデメリットに対応するためにはどうすればよいのでしょうか。その回答は、結局、記者の方にいかに分かりやすく情報提供できるか、ということにつきます。その分かりやすい文章の書き方について、福光ヒロユキ氏のセミナーより許可を得て内容を以下に記載します。

① 絵が見える文章を書こう

文章のコツはとにかく分かりやすく。5W＋5H。

What：何を	How：どのように
Who：誰が	How many：数量
When：いつ	How much：金額
Where：どこで	How long：機関（キャンペーンなど）
Why：なぜ	How in the future：将来性

こうしたことをすべて含んだプレスリリースを書いてみましょう。

② プレスリリース

a. ストーリーを書く。

商品・サービスについて、あなたという人物について、あなたの会社についてどこから書き始めてもよいのですが、結局は、この3つを全部書く必要があります。バイヤーがいる場合、バイヤーに買ってもらおうとすると売れないと言います。バイヤーがどうやって売るのかという、材料やヒントをバイヤーに提供するリリースがよいとされます。マスコミが欲しいのは、ストーリーがあって、熱く思いがつまっているリリース原稿なのです。

b. リリースの3原則

「新規性」：今ある物でよい。

「社会貢献度」：お客が喜べばよい。

「経済効果」：経済産業省HPからデータとり。

株式会社○○○○
○○○　様

発信元：行政書士
　　　　友愛行政法務事務所
倉敷市中島2258−2
電話（Fax）：086−431−8704

平成　年　月　日（　）発信

経営戦略として見る、松山藩の藩政改革
山田方谷に学ぶ　リーダー、経営者のための
知的資産経営ガイド　完成

山田方谷の改革を、知的資産経営の具体例として取り上げ、地域企業の経営に役立てることを目的とした、小冊子が完成しましたので、お知らせします。

　岡山の偉人「山田方谷」とその改革への関心が全国的にも広がっています。中小企業の経営支援を行っている専門家の立場からこの政改革を見ると、現代の経営者を取り巻く厳しい状況からの打開策として非常に参考になると考えられます。
　一方、近年、企業価値にしめる無形資産の割合は50％を超え、企業の本当の力を活かすには、この知的資産として捉えた無形資産の活用が必要とされています。
　しかし、中小企業や小規模組織に適した知的資産経営の具体的な資料はないため、岡山県の行政書士有志で、知的資産経営支援研究会を設立し、その研究や企業支援に取り組んでいます。その中で、知的資産経営を知り、経営に役立てるため、山田方谷の改革を具体例として取り上げたガイドを作成したものです。これは予定している知的資産経営支援の教材の一つとして作成したもので、今後、セミナー等で活用いたします。
　■　小冊子の仕様・名称：A5版30ページ　モノクロ印刷　初回印刷100冊
　　　「リーダー、経営者のための　山田方谷に学ぶ　知的資産経営ガイド」
　■発行：知的資産経営支援研究会　　著者：下村幸喜
　■１部500円（送料別）　友愛行政法務事務所で直接販売します。

この件に関するお問い合わせは

友愛行政法務事務所の下村　までお願いいたします。
倉敷市中島2258−2
電話（Fax）：086−431−8704　E -mail：yuai.jimusyo@gmail.com

図３　プレスリリースサンプル

c．プレスリリースは分かりやすく

　文体は、「結転結」で。

　結：5W＋4Hでかく。このようになった。

　転：実はそれはこうして起きた。ストーリー。

　結：How in the future. だから今回冒頭のようになり、将来こういうことが見込める。

d．サンプル

　ここで紹介した福光ヒロユキ氏の記載方法とは異なりますが、筆者が実際に使用した例を参考として掲載いたします（図3）。

11．Web戦略

ネットで販売するためのコツは、実店舗と同じだと言われています。つまり、訪問者を増やし、成約率を高めるということを実現する必要があります。ホームページへのアクセスを大量に集めるためには、次の手段があります。

① 検索エンジンからの流入を増やす。
　　例）リスティング広告（PPC広告）、検索（Google, Yahoo! 検索）
② 他サイトからの流入を増やす。
　　例）ポータルサイト、バナー広告、プレスリリースなど
③ メールからの流入を増やす。
　　例）メールの署名、紹介、メルマガ広告など
④ ソーシャルメディアからの流入を増やす。
　　例）Twitter、Facebook、アメブロ、mixiなど
⑤ URLの直接入力を増やす。
　　例）人からの紹介、チラシやCMなどのオフラインでの活動、名刺に記載したURLなど

ホームページでの成約率を高めるためには、「最後まで読んでもらえる内容、順番にする」「見込み客を迷子にさせない、分かりやすい構成、使いやすい機能」を特に意識して作成します。また、今すぐ購入をしたいと思わせるよう購

買心理に訴えかける表示、文言にすることも必要です。加えて、フロントエンド商品、バックエンド商品という考え方を採用し、利益が出なくても、低価格でまず買ってもらう商品と、本当に売りたい商品を両方考えておきます。

インターネットでのビジネスは、何もしなくてもよいというイメージがありますが、実際にこれを活用しようとすると、時間や手間がかかります。自動に何かの動作をしてくれるソフトも存在しますが、それだけでは丁寧な対応はできず、企業イメージが思うようにアップするとは限りません。現在は、ホームページはもちろんツィッター、ブログも必須と言ってよいでしょう。その一方で、ホームページが無くても、大きな利益を上げている企業も少なくありません。また、以下に記載するツールの有効性を強調するのは、その関連ビジネスを展開している会社だけだという批判もあります。いずれにせよ、自社の新しい戦略を考える上では、幅広い事例を知る必要があります。

インターネット関係のツールとしては、ホームページ、ブログ、ツィッター、フェイスブック、の利用が一般的です。この他にも次々と新しいサービスも出ていますので、ニュースには敏感になるとともに、こうしたビジネスに大きな効果があると最も強く伝えているのは、誰なのかということにも注意が必要で、過度に踊らされないように気をつけるべきでしょう。

検索を増やす目的のほか、ブログの利用方法には、アフェリエイト（他人の商品を販売する）、アドセンス（クリックしてもらえばお金になる）、また記事をブログに書いてお金にするという方法もあります。本格的なビジネス展開を行っている企業もありますが、サラリーマン、OLの小遣い稼ぎとして利用される場合もあります。

第2章 中期知的資産

本章では、中期知的資産とは、次年度または中期的な施策の中で、知的資産を積極的に生かし、経営戦略や企業価値につなげるための取り組みとして、

1. アライアンス戦略
2. ストラクチャー戦略
3. ファンド戦略

を取り上げます。

1. アライアンス戦略

　企業の活動を中核的な強みに集中する一つの方法は、目標とする成果を達成できそうもない事業部門や、異なった経営スタイルが必要な事業部門を売却し、身軽になることだと言われています。しかし、この自社だけではメリットが見込めない事業部門を利用して他社とアライアンス（複数の企業とのさまざまな形の連携、共同行動関係）を構築すると、この経営資源を今後も利用し、これが成長するとその利益を手にすることができる可能性が生まれ、同時に、この事業部門が抱えている問題も軽減できます。

　また、アライアンスを活用すれば、全面的な投資や経営の手間がなくても収入を生むことができるといわれ、さらに「協調によってこそ、一社では対応できないほどの多様性を求める消費者のあくなき欲求を満足させることができる」（フォード社自動車グループ社長）の言葉にあるように、アライアンスは

自社の可能性を広げてくれるものだと言えます。このアライアンスを考えることが「補完資産の利用」という知的資産経営の取り組みでもあります。

戦略的なアライアンスのおかげで、パートナー企業双方は、次の7つの能力を大幅に拡大することができます。

① 新製品を開発する能力
② 原価を削減する能力
③ 新技術を取り込む能力
④ 他の市場に参入する能力
⑤ 競争企業より一歩先を行く能力
⑥ 世界市場で生き残るために必要な経営規模に到達する能力
⑦ 自社の中核的な技能に投資するもっと多額の現金を創出する能力

(ジョルダン・D・ルイス著『アライアンス戦略』より引用)

買収の場合には、経営にとって以下の3つの重要な要素が壊れることが非常に多いと言われていますが、それを維持しながら目的を果たせることが、アライアンスが検討される理由です。

① 強力なマネージャー・グループがとどまる。
② 経営の独自性が確保できるので、活力が保持される。
③ 経営の推進力が維持される。

次に実際にアライアンスを検討する上では、まず次のことを考えてみる必要があります。

・企業双方の目的は何か。
・協定書に盛り込むべきいろいろな事項は何か。
・各テーマに関する経営者の当初の懸念は何か。

仮に、合弁企業を立ち上げた場合、合弁会社は独立した組織体ですが、複数の親会社が所有しており、親会社の立場から見ると、合弁会社は他のどんな種類のアライアンスの場合よりも共同で管理できる対象となり、その分軋轢も起きやすいものになります。

他方、小さな企業(事業者)でも、すぐにでもできそうな小さな事例とし

ては、アライアンスにより、特定の地域ごとに共同で雑誌広告等を掲載することにより、相互に費用を抑えて、広い範囲の読者層にメッセージを届けるという方法があります。また、商店街の複数の商店で、共通クーポンの付いたチラシを共同で限定数量発行し、お客さまの来店により回収されたクーポンの数によってチラシの印刷会社から一定の金額が還元されるという、ゲーム的要素を加えた取り組みなどもあります。

こうしたアライアンスを合弁事業や共同出資の形で実施する場合には、適切な契約の前に、どのような組織と立場で加わるのかという、次の事業ストラクチャーの検討が必要になります。

2. ストラクチャー戦略

ここでご紹介するストラクチャーとは、新たな事業を他社と一緒に行う場合、どのような組織形態で行えばよいかを考えていただくためのものです。

複数の事業者（法人・個人）が資金を提供して行う場合、単に資金を確保するだけでなく、どのような組織を構築し、費用負担と責任・リスクを分担するのかが非常に重要になります。これは、単に組織形態をどうするかという問題だけでなく、その組織にどういう立ち位置で関わるのかの検討が必要です。なぜなら、何年にも及ぶ事業の場合、例えば、共同事業体者が加害者となった場合、あるいは、参加組織（企業）が倒産したことにより、その債権者が事業に関わってくる場合も想定しておくことが必要だからです。

複数の事業者による共同事業を行う場合、こうしたリスクを想定範囲に抑え、倒産等により共同事業そのものを終了することのないような体制を作ることが必要です。いいかえれば、共同事業体を構成する参加企業に倒産が発生した場合にも、あらかじめ権限を制限し債権者が共同事業に参加できないように、事業の倒産隔離を図る一方で、事業収入の確保を図りながら、他のリスクにも備えるということです。

そのためにはどのような組織でなければならないかは一概には言えません。参加者（利害関係者）や事業の内容によって、例えば株式会社を設立するの

か、合同会社を設立するのか、一般社団法人なのか、NPO法人なのかなど、どの組織を設立すればよいのかです。さらに、この組織を単独で作るのではなく、必要により複数設立し、それを組み合わせるということも大切であり、その設立した組織のどの立場で参加するのかについても、十分検討する必要性があります。

以下に、共同事業を行うための主な組織の概要を記載します。

表4 ストラクチャー比較表

①合同会社

キーワード	内　容
持ち分会社	合資会社、合名会社と同様
業務執行社員	出資者のこと。 （原則）各社員（出資者）全員が業務を執行する権限を持つ。 （例外）定款で業務執行社員を定めることができる。 業務執行社員以外の社員も業務・財産を調査できる。
代表権	（原則）社員全員が代表権を持つ。 （例外）定款で特定の社員を代表にできる。 業務執行社員が2人以上定款に定められていれば各自がLLCを代表する。
代表社員の権限	LLCの業務に関する一切の裁判上または裁判外の行為をする権限を持つ
会社と業務執行社員との関係	株式会社と同じく委任関係、民法が準用される。 協業避止義務
役員の登記	業務を執行しない社員は登記されず、代表社員・業務執行社員は登記する。
資本金の出資	労務出資は認められないが現物出資はOK。 現物出資が500万円以下なら簡易手続きで可能。
業務と常務	業務‥会社運営にとって重要な行為（業務執行社員の過半数） 常務‥消耗品、備品の購入、事務所の賃貸借契約‥各社員単独
組織運営の自由度	社員総会、業務執行者会議…義務なし、定款で定める。 社員総会での決議事項…義務なし、定款で定める。 法人を業務執行社員にできる。 利益の分配は出資比率によらず自由に取り決める。 議決権は出資比率にかかわらず平等。
留意点	LLCに出資しても、重い責任や義務を負いたくなければ、業務執行社員にはならず、単なる社員のままでよい。

②一般社団法人

キーワード	内 容
設立時社員	法人設立後最初の社員となる者2名以上。 役目…定款作成、公証人の認証、設立時理事選任。
機 関	社員総会 理事（業務執行機関）
社 員	法人の構成員（株主）。 法人もなることができる。
社員総会	株主総会＝社員は各自1個の議決権。
社員総会の機能	法に規定する事項、定款で定めた事項の決議。 役員（理事および監事）、会計監査人の選任、解任。 定款の変更、解散。
社員総会の決議事項	役員（理事、監事の選任）は自然人に限られる。
理 事	業務を執行する。一般社団法人を代表する（代表者を決めた場合にはそれによる）。 理事の過半数で決定。 定款の定めまたは社員総会で代表理事を選出できる。
代表理事	業務執行に関する一切の裁判上または裁判外の行為をなす。
役員の選任	設立社員が最初の定款作成前に決定。 定款に記載なければ、公証人認証後すぐ臨時総会で選任。 その後は社員総会で理事は過半数、監事は2/3以上の賛成が必要。

③匿名組合

キーワード	内 容
商法535条	当事者の一方が相手方の営業のために出資し、その営業による利益の配分を約することで成立する。 営業者と匿名組合員の二当事者の債権債務関係。
匿名組合員	出資者（自ら業務を執行する権限はない）。
営業者	自己の名において事業を行う（組合事業の債務は無限責任）。 財産は営業者の財産となり、匿名組合員との共有財産ではない。
匿名組合	組合員を有限責任として募集できる。 営業者に対して有する利益分配請求権や出資返還請求権は通常の債権。 営業者が利益分配するときは20％の所得税の源泉徴収をする。
特 徴	適用範囲が広く、比較的少人数からの資金調達ができる。 ガバナンスを保証する仕組み、流動性、出資金の財産隔離がない。
成功例	成功した例では、どのようにして投資家の興味をひきつけるのか、どのようにして投資家の疑念を払拭するかという基本的な課題に真剣に取り組んでいる。（わかりやすいスキーム作りが必要）
法令規制	匿名組合の場合監督官庁が存在しないため営業者がファンドを自由に運営できる（現在は金融商品取引法の対象）。

3. ファンド戦略

　ここでご紹介するファンドとは、他者との合弁事業等を考える場合や、自社だけで新しいことを始めようとする場合に、資金調達の手段として融資を受けるのではなく、私募債等ファンドを構築して資金を確保しようとするものです。

　こうした方法で資金を集める場合には、きちんとしたファンド設計が必要となります。現在、市民ファンドとして太陽光発電事業等に使用されているものの中には、設計が不十分なものや違法性が感じられるものもあり、いずれ大きな問題を引き起こす可能性があると指摘する専門家もいます。それは、その市民ファンドが詐欺まがいであるという意味ではなく、多数の人からお金を集めるためには守らなければならないルールがあるということです。みんなで良いことをしようとしているのだから問題ないとはいえ、目的が何であれ、手段に誤りがあれば違法性があるということです。ここでは、資金を集めることに直接関係する法律である、金融商品取引法について記載します。なお、法律の条文については一部のみ掲載しています。

　2006（平成18）年6月に証券取引法が大幅に改正され、金融商品取引法になりました。これは実質的には、新法の制定といってよいほど法律の適用対象および内容に変更が加えられました。具体的には、それまで証券取引法の適用対象とされてこなかった組合その他の契約を利用したファンド（集団投資スキーム）に規制を及ぼすとともに、抵当証券、信託受益権、商品ファンドのようにこれまで異なる法律で規制されていた商品を対象に入れられました。ここで「金融商品」とは「投資商品」のことをいいます。

　ファンドとは、投資家からの出資を専門家が合同運用する仕組み（集団投資スキーム）のうち、投資信託や投資法人のように、一般投資家の参加を予定した厳格な規制が用意されているもの以外をいいます。ファンドには、投資型ファンドと事業型ファンドがあり、投資型ファンドとは、ファンドのうち主として有価証券に対する投資を行うものをいい、事業型ファンドとは、ファンド

のうち主として有価証券以外のものに対する投資を行うものをいいます。

　ファンドの持ち分（集団投資スキーム持ち分）は、民法上の組合、投資事業有限責任組合、有限責任事業組合といった法形式を問わず、また国内で組成されたか海外で組成されたかを問わず有価証券と見なされます。

　金融商品取引法は有価証券の取引とデリバティブ取引に適用されます。

　投資証券を、金銭の出資、金銭等の償還の可能性をもち、資産や指標などに関連して、より高いリターン（経済的効果）を期待してリスクをとるものと定義づけました。

　金融商品取引法は対象を限定せず、金融商品を例示列挙することで、包括的な規制をします。重要なことは第2条第2項有価証券が、あくまで例示列挙であるので、これ以外であっても、これに類するものはすべて含まれることになるという点です。

　一方、金融商品取引法が適用されないケースとしては、以下のように定められています。

① 出資者の全員が出資対象事業に関与するもの。出資者が受動的な地位になく投資家としての保護を必要としないため。

② 出資者が拠出した額を超えて配当または財産の分配を受けないもの。より高いリターンを期待するという投資性に乏しい。

③ 保険契約・共済契約・不動産特定共同事業契約に基づく権利、それぞれの業法で手当する。

④ 政令で定める権利は、みなし有価証券から除外されます。

　第2条第2項有価証券となり規制の対象となる基準は、他社から金銭などの出資または拠出をうけて、その財産を用いて事業または投資を行い、当該事業または投資から生ずる利益などを投資家に分配する。というもので、これに合致する権利は、すべて第2条第2項有価証券となります。印刷された証券が発行されなくても、その権利は、目に見えないけれども、有価証券とみなして、金融商品取引法が適用されます。なお、特に注意するべき点として、第2条第1項有価証券（次頁参照）でお金を集める場合、投資組合に実際に出資した投資家の人数ではなく、声を掛けた人数で判定されるという点があります。

「金融商品取引法」抜粋

第2条第1項有価証券

　①株券、②社債券、③資産流動化法に規定する優先出資証券、④資産流動化法に規定する特定社債券、⑤資産流動化法に規定する特定目的信託の受益証券、⑥資産流動化法に規定する投資信託、また外国投資信託の受益証券、⑦資産流動化法に規定する投資証券、もしくは投資法人債権、または外国投資証券、⑧信託法に規定する受益証券発行信託の受益証券、⑨貸付信託の受益証券

第2条第2項有価証券

　①信託受益権（第1項の受益証券は除く）、②合同会社の社員権、③外国法人の社員権、④任意組合の持ち分、⑤匿名組合の持ち分、⑥投資事業有限責任組合の持ち分、⑦有限責任事業組合の持ち分

第2条第2項有価証券にあたらないもの

　①不動産特定共同事業法に基づく権利、②保険、共済契約に関する権利、③従業員持株会、関係会社持株会、取引先持株会にかかる権利、④弁護士、公認会計士、税理士等のみを当事者とし、もっぱらこれらの者の業務を投資対象事業とする組合契約に基づく権利、⑤分集林契約に関する権利

第3章 短期知的負債

「資産」を考える場合、ともすれば優位な状況だけを探し、それが知的資産だと考えて経営を行いがちです。そのこと自体はそれほど悪くはありませんが、その状況をバレーボールにたとえるなら、サーブ、アタックなど攻撃ばかりを「資産」として捉えているように思います。

攻撃力を高めることは大切で、それをどのようにすれば最大になるかを考えることも間違ってはいません。しかし、どんな素晴らしいアタッカーがいたとしても、相手のサーブが拾えない、トスが上がらない状況では試合になりません。つまり、いけいけドンドンという営業方法を採用し、顧客を獲得し続けたとしても、既存顧客の対応や情報保護、コンプライアンス違反などが大きければ、それは「資産」を無くし、さらには社の信用すらゼロにしかねません。

したがって、本書で考える知的資産経営では、負の知的資産にも着目し、その増大を防ぎ、低減策を行うことも、大切な知的資産経営であると考えています。

ここで、短期知的負債（リスク）とは、日々の業務の中で、知的資産を低下あるいは消滅させてしまうようなリスクを指します。見えない負債を日々の取り組みで縮減させることが必要になります。

本章で扱うものは以下の通りです。
1. 悪徳商法
2. 使用者責任
   （1） 業務上交通加害事故
   （2） 通勤中の事故
   （3） 情報漏洩

3. セクシャルハラスメント
4. パワーハラスメント
5. 公益通報者保護
6. セキュリティ対策
7. 営業秘密
8. 人的負債（リスク）

1. 悪徳商法

　個人事業主を狙って、違法まがいの営業をする会社があります。

　その手法の一つは、営業している会社とは別に、高額な品物のリース契約を結ばせるものです。

　「約束と違う」と気がつき、営業担当者を呼び改善を求めても、数回すると別の担当者になります。こうして、毎月5万円などというリース料を払い続けることになります。「リース契約の解除をしたい」と、その営業担当者に言っても、ビジネス上のリース契約は、「法律上、残金全額支払わないと途中解約できない」と主張されます。

　実は、この途中解約をさせないことが、最初からの狙いなのです。ですから、最初に、一括して支払うことを希望しても、リース契約を勧めるのです。それは、その営業担当者の会社ではなく、リース会社との契約を結ばせたいからです、そうすると、営業担当者の説明に問題があっても、通常、その効果はリース会社には及ばないからです。

　このように、一般には途中解約ができないとされるリース契約ですが、実際の例では、適切な内容証明郵便を相手方に送付することによって、相談をお受けしてから約1カ月で契約を解除することができました。このケースでは、お客さまは総額189万円の支払を免れることができました。

　相手との契約がおかしいと思ったら、早めに専門家に相談することが大切です。

2. 使用者責任

　ここでは、本題に入る前に、関係する法律の条文を記載します。経営者が使用者責任を問われるのは、ここで記載するものに限りませんが、ここでは業務上の交通事故、通勤中の事故、情報漏洩を取り上げます。

　「民法」
　　（不法行為による損害賠償）
　　第709条　故意又は過失によって他人の権利又は法律上保護される利益を侵害した者は、これによって生じた損害を賠償する責任を負う。
　　（使用者等の責任）
　　第715条　ある事業のために他人を使用する者は、被用者がその事業の執行について第三者に加えた損害を賠償する責任を負う。ただし、使用者が被用者の選任及びその事業の監督について相当の注意をしたとき、又は相当の注意をしても損害が生ずべきであったときは、この限りでない。
　　2　使用者に代わって事業を監督する者も、前項の責任を負う。
　　3　前二項の規定は、使用者又は監督者から被用者に対する求償権の行使を妨げない。

　「自動車損害賠償保障法」
　　（自動車損害賠償責任）
　　第3条　自己のために自動車を運行の用に供する者は、その運行によって他人の生命又は身体を害したときは、これによって生じた損害を賠償する責に任ずる。ただし、自己及び運転者が自動車の運行に関し注意を怠らなかつたこと、被害者又は運転者以外の第三者に故意又は過失があつたこと並びに自動車に構造上の欠陥又は機能の障害がなかつたことを証明したときは、この限りでない。
　　（民法の適用）
　　第4条　自己のために自動車を運行の用に供する者の損害賠償の責任については、前条の規定によるほか、民法（明治29年法律第89号）の規定による。

（1）業務上交通加害事故

　従業員が勤務中交通加害事故を起こした場合、被害者は、あなた（経営者）個人に対しても損害賠償を請求してきます。相手は、経営者個人の代理監督者

責任（民法715条2項）に基づいて賠償義務が負うと主張してくることになります。

判例は、代理監督者について、「客観的に観察して、実際上現実に使用者に代わって事業を監督する地位にある者」をいうと定義しています（最高裁昭和35年4月14日判決）。

現実の指揮監督関係に加えて、当該会社の規模・従業員数、業務内容等も重要な判断要素とされています。経営規模が小さく実態は個人経営のような会社の場合には、ほとんどの事例で経営者個人が代理監督者責任を負わされているのが実情です（東京地裁昭和53年3月30日判決、横浜地裁昭和53年5月29日判決等）。

代表権のない取締役や工場長、現場監督等のような場合でも、自ら現実に事業の執行を監督していたものと認められるかぎり、代理監督者としての損害賠償責任が認められることがあります（横浜地裁昭和44年1月29日判決、浦和地裁昭和46年1月18日判決等）。また、口約束での請負契約であっても、実態を見て使用者の指揮監督のもとで働いているような場合には、その請負業者の事故に対して、使用者責任が発生する可能性があります。

従業員が持病を自覚し、過去にてんかん発作や糖尿病による低血糖症状の経験があった場合、「意識喪失に対する予見可能性」があり、相当の注意をして運転をすべき責任があるので、心神喪失発作中の事故であっても処罰されることがあります。運転者が会社に持病の重大さを隠していたとしても、従業員の過失である以上、使用者としての責任が発生します。また、運転免許証を失効していた（無免許だった）。飲酒の状態で運転していたなども、使用者の管理体制について責任が問われる場合もあります。したがって管理者は、日々の適切な管理により、リスクを低減させておく必要があります。

（2）通勤中の事故

自賠法では、「他人の生命又は身体を害したときは」と、規定されていますので、この法は人身事故のみに適用されます。民法715条のように「事業の執行につき」の文言はありませんから、マイカー通勤における事故についての

会社の責任については、主として自賠法3条によることになります。

　会社が「運行供用者責任」を免れるためには、以下の要件がすべて揃っている必要があり、それを会社側が立証できなければなりません。

① 自己の運行や管理に過失がなかったこと。
② 被害者や第三者に故意または過失があったこと。
③ マイカー等の車両に欠陥がなかったこと。

　ここでの「運行支配」や「運行利益」は広範囲にわたって認められうるので注意が必要です。マイカー通勤での事故について、会社側が責任を免れたければ、あらかじめ「原則マイカー通勤を禁止すること、そして、交通費の支払い方にも注意すること」が必要です。

　判例では、自家用車を利用して通勤しまたは工事現場を往復することを原則として禁止され、県外出張の場合にはできる限り汽車かバスを利用し、やむなく自動車を利用するときは直属課長の許可を得るように指示されていたにもかかわらず、その許可を得ないで県外出張のために自家用車を運転する行為では、会社は本条1項による賠償責任を負わない。（最高裁昭和52年9月22日判決）としたものがあります。

（3）　情報漏洩

　個人情報漏れに関する使用者責任についての判例には、「インターネットおよびイントラネット・システム構築、Webホスティング・サービス等を事業の目的とする企業であることから、サーバー内の非公開領域に個人情報の含まれたファイルを置く、あるいはアクセス権限の設定かパスワード設定の方法によって安全対策を講ずる注意義務があった」とされています。

　民法715条の使用者責任が認められるためには、委託先会社に対する実質的な指揮・監督関係が必要となるので、地裁、高裁段階とも判決は、専門的技術的知識を要する業務は任されていたものの、Webサイトの具体的な内容の決定権限や、Webサイトの最終的な動作確認の権限は発注者側にある等の事情から、「発注者側が委託先会社を実質的に指揮・監督していた」と認定しています。

このように、セキュリティに関する動作を自ら確認し、随時報告を受けるなど情報の交換をしていれば、指揮・監督関係が認められるということになり委託者に責任があると言われます。

　逆に、委託先をまったく監督していなければ、民法709条の不法行為責任（委託元会社の直接の注意義務違反）が認められることになり、さらに、個人情報保護法22条の委託先の監督義務にも違反することになるので、いずれにせよ責任を追及されることになります。

　では日常の情報保護の対策にはどのようなものが必要でしょうか。以下の事例を参考にして、不適切なものがあれば改善する必要があります。

① 自己の営業に関する情報が記載された書面には、「秘」の印を押印した上で、施錠可能な書類保管用書庫に保管し、同書庫の鍵は、施錠可能な代表者の机に保管している。

② データベースの管理者を、原則としてコンピュータ管理を担当する1名の従業者に限定している。

③ 事務所内に外部の者が訪れた場合には、受付において応対し、社員が応接室等に案内することとなっており、カウンター内に本社社員以外の者が入ることはできないようにしている。

④ データベースは、会社外部と電気通信回線で接続されていないサーバ・コンピュータシステムにより作成・保管し、日々の業務が終了するごとに、同システムに接続されたコンピュータの各端末の電源のみならず、サーバ・コンピュータ自体の電源を切ることとしている。

⑤ 「会社の仕入先リスト、顧客先リスト、仕入マニュアル、営業マニュアルなどは会社の最も重要な営業秘密であることを認識し、十分注意して社外に持ち出すことを禁止すること」「業務上の機密に属することは、在職中はもちろん、退職後も、これを会社の目的以外に使用しないこと及び他に漏洩しないこと」等を内容とする「従業員就業規則」と題する書面を作成し、これを原告の営業所内のホワイトボード上に掲示している。

3. セクシャルハラスメント

　セクシャルハラスメントやパワーハラスメントの場合、裁判になり公になるのはごく一部にすぎません。他にも多くの被害例が存在するにもかかわらず、じっと我慢をしていたり、泣き寝入りをして会社を辞めてしまったり、というパターンがほとんどでしょう。
　身近な経営者の中にも、本人は「冗談だ」といいますが、女性社員に対してセクシャルハラスメントと判断される言動を行う人もいます。行為を受けた本人が不快を感じればそれはセクシャルハラスメントと判断される可能性があるので、次のような注意が必要です。
　① 親しさを表すつもりの言動であったとしても、本人の意図とは関係なく相手を不快にさせてしまう場合があること。
　② 不快に感じるか否かには個人差があること。
　③ この程度のことは相手も許容するだろうという勝手な憶測をしないこと。
　④ 相手と良好な人間関係ができていると勝手な思い込みをしないこと。
　などが大切であり、特に年輩者に、セクシャルハラスメントに対する感覚が鈍いように感じます。

　セクシャルハラスメントの種類としては、以下のように分類されています。
〈視覚型〉
　女性職員が抗議しているにもかかわらず、パソコンのスクリーンセーバーにヌード画像を使用している。
〈発言型〉
　会社内で顔を合わせると必ず性的な冗談を言ったり、容姿、身体に関することについて聞いたりする男性労働者がいる。
　女性の同僚からいつも、「○○君、あっちに行って。臭いから」等と言われ、精神的に辛い。

〈身体接触型〉

　新幹線運転士が社内販売員を乗務室に入れ運転席に座らせて身体をさわる。
　野球部の監督が女子マネージャーの身体を触るなどのセクハラ行為。
　子供が通う塾の先生から性交渉を求められた。断ると子供に辛く当たるようになった。
　ピアノ教室の先生に足や胸を触られた。嫌がると指導をしてくれなくなった。

　ある言動がセクシャルハラスメントにあたるかどうかは、あくまでも相手の受けとめ方（「不快」と感じるかどうか）によるのであって、その言動を行う者の感覚で判断されるものではありません。また、前述の経営者のように風向きが悪いと見ると「冗談だ」と言って逃げているような行為も冗談ではすまされないでしょう。

4. パワーハラスメント

　パワーハラスメントとは、仕事上の上下関係・権利関係を不当に利用することによる嫌がらせ・いじめなどを指す言葉です。
　サービス残業を強制的に行わせるのもよくあるタイプのパワーハラスメントのパターンです。本来、上司・部下といった関係はあくまでビジネスの上での契約で、これが人間的に上とか下とかいうことにはなりません。しかし、いつも命令している立場にある人はこれを忘れがちになり、人間性を否定するような言動があったり、仕事上の権限を超えて命令をしたりする場合があります。これがパワーハラスメントの原因になることが多いと言われています。
　また、労働者をクビ（解雇）にするには、客観的にみて合理的と判断できるだけの根拠が必要です。解雇されるほどの理由が無いにもかかわらず「お前なんかいつでもクビにできる」というような言動で半ば強制的に労働者を従わせようとする行為はパワーハラスメントと判断されます。
　また、解雇とは言わないまでも

「この仕事、君には向いていないんじゃない？」
「転職を考えた方がいいよ」
などと転職・退職を促すような発言もパワーハラスメントになる可能性が高いと言えます。

経営者は、これらハラスメントの相手に対する被害に敏感でなければ、後日、大きなツケを支払うことになるかもしれないのです。

5. 公益通報者保護

公益通報者保護法は、「公益通報」をした労働者を保護し、事業者にコンプライアンス（法令遵守）の促進を図るために制定されたものです（1条）。

同法2条に定める厳格な要件を満たした公益通報が行われた場合に、告発者に対する解雇や派遣契約の解除は無効となり、降格や減給といった不利益な取扱いも禁止されることになります（3条、5条）。

この法は、「公益通報者保護」をうたいながら、厳格な要件を定めていることで、逆に内部告発を制限する結果を招いていると言われます。公益通報者保護法で保護される告発者であったとしても、現行法では告発者が事実上の不利益を受ける可能性（正規の人事異動であるとの名目で告発者の配置換えや職務内容の変更を理由とした減給が行われる）があります。その一方で社会正義を叫び、ヒーローになりたがったり、会社を陥れようとしたりする者もいないわけではありませんから、必ずしも、完全に労働者に都合の良い制度にはできなかったと思われます。

内部告発が行われると事業主や企業イメージを大きく侵害し、不当かつ深刻な損害が生じる可能性があるため、あくまでもコンプライアンス（法令遵守）への自主的な取り組みを尊重し、限定された例外的な場合にのみ内部告発を認めるべきでしょう。

事業者のコンプライアンス経営への取り組みを強化するために、労働者からの法令違反等に関する通報を事業者内において適切に処理するための指針を示すことにより、企業と告発者が争い共倒れにならないような対策が必要です。

6. セキュリティ対策

　企業は、従業員および企業活動を通じて、地域社会と深い係わりを持っており、地域社会は企業の存続基盤でもあります。
　製品・サービスの提供、納税、雇用等、企業が果たしている社会的役割も、地域社会の健全な発展があってはじめて可能となるものであると考えられますから、企業の日常的な防災・防犯への取り組みは、企業における社会貢献活動の一環であるともいえるものです。
　防犯対策は基本的に、それぞれの事務所・店舗・工場等の立地や地域環境の実態に応じて個別的な対策を講じていく必要があります。
　特に、最近の侵入犯は極めて計画的であり、犯行時間も僅か数分のうちに行うというプロ集団化している傾向にあります。また、建設用重機を用いた手荒な犯行から「振り込め詐欺」まで、大胆かつ巧妙さが目立つとともに、窃取された物がさらなる犯罪に用いられるなど、二次犯罪にもつながります。
　これを防ぐには、今後どんな犯罪被害に遭う可能性が高いかを予測し、被害に遭う前にとるという予知防犯という考え方も必要になっています。また、セキュリティ会社にかかる費用を削減する手段としては、自主防犯システムを進めている会社もあり、中小企業には検討の余地があると言えるでしょう。
　さらに、外部に対する防犯だけでなく、社員の不正行為を防ぐための社内防犯という考え方も拡がっています。

7. 営業秘密

　営業秘密とは、
　① 秘密として管理されていること（秘密管理性）
　② 事業活動に有用な情報であること（有用性）
　③ 公然と知られていないこと（非公知性）
という性質を有する情報をいいます。

このうち、過去の裁判例でもっとも認められにくいのは秘密管理性です。秘密管理性が認められるためには最低限、

① 当該情報にアクセスした者に当該情報が営業秘密であることを認識できるようにしていること（客観的認識可能性）
② 事業活動に有用な情報であること（有用性）
③ 当該情報にアクセスできる者が限定されていること（アクセス制限）

が必要とされています。

例えば、「マル秘」「部外秘」など機密事項であることの表示がない場合には、客観的認識可能性が欠けていることになりますし、営業秘密が他の一般情報と区別されていない場合や保管場所を施錠していない場合、パソコン内のデータについてはパスワードの設定がなされていない場合などには、アクセス制限が欠けているということになります。就業規則に定めがあっても、それで使用者責任が無いとは言い切れません。

判例には、「社員は、会社の機密、ノウハウ、出願予定の権利等に関する書類、テープ、ディスク等を会社の許可なく私的に使用し、複製し、会社施設外に持ち出し、または他に縦覧もしくは使用させてはならない」「社員は、業務上機密とされる事項及び会社に不利益となる事項を他に漏らし、または漏らそうとしてはならない。社員でなくなった後においても同様とする」という規定が置かれていたとしても、当該規定の対象となる秘密を具体的に定めておらず、同義反復的な内容にすぎないとされたものもあります。

次に、上記の社内での使用者責任とは別に、契約書を作成する場合の営業秘密に関する留意点を記載します。

契約書の文言に、

「本契約の当事者の一方が本契約に基づき相手方に交付する『秘密情報』にはその旨を明示したゴム印その他の表示を施すものとする」とすると記載してあれば、秘密情報の規定をきちんと決めたように思えますが、これは逆読みすれば、「ゴム印がなければ秘密情報ではない＝使っても良い」ということになります。ここで、もし契約書にこの取り決めがなければ、不正競争防止法第2条6項の「営業秘密とは、秘密として管理されている生産方法、販売方法その

他の事業活動に有用な技術上又は営業上の情報であって、公然と知られていないものをいう」の条項が生きてくるのです。

8. 人的負債

(1) 企業に潜む労務リスク

　本書では企業の知的資産についてご紹介していますが、経営をしていく上でプラスの資産ばかりでなく、当然マイナスの資産（リスク）についても知る必要があります。
　ここでは経営資源の中でも一番のポイントである「人（労務管理）」に関するリスクに注目したいと思います。
〈昨今の労務管理上でよくある話題〉
・未払い残業代（サービス残業）の請求、セクハラ、パワハラ、偽装請負
・うつ病による休職、モンスター従業員の問題行動、名ばかり管理職
　このようなニュースを聞かれたことは1度や2度ではないはずです。企業の多くは社内で潜む労務管理上のリスクに気付かないまま、労使紛争等の問題が起きてから大慌てで後手後手の対処療法を余儀なくされています。ではどのようにして、労務管理上のリスクを解決していけばよいのでしょうか。

(2) まずは社内に現在あるリスクをすべて洗い出す
　特に重点を置くべき項目の例をあげておきます。
① 採用に関するリスク
　・労働条件通知書、雇用契約書、身元保証人、入社時の誓約書、秘密保持、退職後の競業避止等に関する文書の有無および内容。
② 法定帳簿の整備
　・労働者名簿、賃金台帳、出勤簿の有無および法定記載事項を満たしているか、3年間保存しているか。
③ 労働時間の管理
　・必要な労使協定は締結、更新されているか（36協定、変形労働制など）。

- ・労働時間の管理は適切か。
- ・割増賃金は適正に計算し支払われているか。
- ・過去の未払い賃金はないか（2年間）。

④ 人事労務管理
- ・セクハラ、パワハラの防止策、対応策がなされているか。
- ・労使間で紛争中の事案がないか。
- ・従業員の定着率は良好か。
- ・労働保険、社会保険の適用および加入手続きは適正か。
- ・解雇のルールは明確にしているか。

⑤ 安全衛生管理
- ・安全管理者、衛生管理者、産業医は選任されているか（50人以上）。
- ・定期健康診断を行い、記録を保存しているか。
- ・過労死の防止対策はとられているか。

⑥ 就業規則
- ・就業規則、各種規程が作成されているか。
- ・就業規則等が労働基準監督署に届出され、従業員に周知しているか。
- ・就業規則等の適用範囲は明確になっているか。

　　　　　　（就業規則に掛かるリスクは多岐にわたるのでここでは割愛いたします）

（3） 顕在化した労務リスクに優先順位をつけ、リスクの高い物から取り組む

　さて、たくさんのリスクの洗い出しをしたとしても到底一度では解決できません。まずは危険度が高いものから手をつけていきましょう。書類整備等で短期的に解決できるものもあれば長期間に及ぶものもあります。そのような場合はプロジェクトチームを作って取り組むのもよいでしょう。

　また労務リスクの中には、法令違反を正せば済むものもありますが、まとまった資金が必要になることもあります。特に未払い残業代、社会保険料未納の問題は従業員数によっては多額の損害を受けることもありますので、普段からの適正な管理が重要です。

（4） 解決した問題は就業規則へ規定する

　就業規則、その他の諸規程は会社の憲法、人事労務のルールブックです。労務リスクの発見、問題解決した後の総仕上げとして規定を作成し従業員に周知しましょう。また就業規則は一度作成したら安心できるものではありません。トラブルの未然防止のため、メンテナンスを怠らないことが重要です。

第4章 中期知的負債（リスク）

本章では、中期知的負債（リスク）とは、次年度または中期的に考えて、企業経営に小さくない影響を与える事項を取り上げます。

1. 防災対策
2. 事業承継
3. 事業譲渡
4. M&A
5. 企業評価

防災対策と事業承継はまったく違いますが、どちらも事業承継は準備を怠り対応を誤ると、経営者だけでなく、従業員にも大きなマイナスを及ぼすものです。

ここでは、事業承継を考えるのは、現経営者が引退に追い込まれることだ、と考えるのではなく、知的資産経営に取り組む中で、必要となる事柄を洗い出して経営戦略や、リスク対策を考えていくと、中長期的な課題として、それぞれの時期に達成すべき業績、打つべき対策が浮かんでくるからです。

将来発生する「可能性のある」問題に対して、対策を講ずるというのは、どの組織、個人でも、なかなか前向きになりにくいものです。今日の問題をこなしていくことで精一杯努力を傾けている場合、目に見えた利益を即座に生むわけではないことは、どうしても先送りになります。しかし、企業経営を営むの

が人間である以上、いつかは会社の次の段階を考える時がやってきます。

ここでは、防災対策の他、事業承継、事業譲渡、M&Aについて、知的資産経営の中期戦略として考えるという立場で話をすすめます。時の流れを踏まえて、必要な準備をし、その結果会社はさらに、形を変えながらも発展していく、このような中長期的課題に備えるものだとして扱います。

1. 防災対策

災害が発生したとき、企業には、
① 従業員・顧客の安全確保
② 事業活動の維持と社会経済の安定
③ 地域防災活動への貢献
が期待されています。

法令等に基づく設備の配備・点検は当然ですが、「自然災害」や「人為的ミス」、あるいは「二次災害、被害の誘発」を想定して、速やかな対応や行動ができるよう、日頃から、危機管理能力を向上させておくことが必要です。

企業内での災害発生を防ぐため、経営者は技術の継承を含めた人材育成を積極的に進めるとともに、自ら現場管理状況の把握と改善に努める必要があり、重要な情報が、直接経営者に集まるような社内体制の確立が求められます。

特に、自然災害や企業内の事故により地域住民の方へ被害を発生させないように、適切な運営管理が必要です。

この対策として、
① コンプライアンスの徹底を図り、社会的責任の遵守、リスクマネジメントの徹底、モラルの向上等を実践する。
② 役員や従業員の能力、判断力等を向上させる。
③ 日常点検や防災訓練を実施し、危機管理力を育成する。
④ 災害対策マニュアルを制定し、体制の整備を図るとともに、従業員への周知・習熟を徹底する。
⑤ 危険物や薬品等の点検、管理では常に現物を確認する。

などが必要です。

2. 事業承継

　ここでは事業承継について記載します。中小企業経営者の高齢化が進むとともに、少子化・価値観の多様化などにより、特に親族内における後継者確保が困難になっています。精力的に取り組んでいる多くの中小企業経営者を見ても、積極的な経営者は前向きな問題解決には熱意をもって取り組みますが、目先の問題ではない事業承継を早めに取り組むということは苦手のようです。

　事業承継で考慮するものには、人の承継、資産の承継、目に見えない知的資産の承継があります。これらはいずれも早く取り組めば、取引先との信頼関係を維持し、従業員に不安を与えることもなく、家族も円満な状態で経営のスムースな移行が可能です。しかし、準備を怠れば、廃業に追い込まれるだけではなく、自己の個人資産も失い、家族や従業員の家族を路頭に迷わすことにもなりかねません。

　現在は、事業承継の方法にもさまざまな形がありますので、早めに専門家に相談されることをお勧めいたします。専門家は、当然のことながら秘密保持が大原則ですので、安心して本当の会社の状態を話して今後の取り組みを考えることが必要です。

　事業承継という取り組みの中で、場合によっては、M&A、MBOなど検討に加える必要が出てくるかもしれません。その際、財務諸表に掲載されていないもの、特に許認可関係手続は、必ず早期の検討・対応が必要です。これが無いと、会社は引き継いだものの肝心の仕事が受けられないということにもなりかねません。特に経験実績が必要なものについては、その資格取得を踏まえた事業承継の検討が必須となります。

　また、親族に後継者を見つけることができず、M&A、MBOを行う場合でも、早めに準備をすることにより、自社を高く評価してくれる企業を見つけ出すことができたり、資金準備の対策を行ったりするなどのメリットが生じやすくなります。

円満な形でスムースに事業を承継させ従業員の雇用を守ることも、現経営者の大きな役割だと言えるでしょう。

現経営者のすばらしいエピローグとなるように、早期に考えておきましょう。

非上場会社の経営者が事業の承継を考えたとき、その選択肢は大きく分けると、

① 会社を廃業して精算する。
② 親族または従業員・役員へ承継する。
③ 第三者へ譲渡する（M&A）。
④ 株式を上場する。

の4つです。以下、順に見ていくことにします。

（1）事業承継、M&A、事業譲渡を考える上で必要なこと
・業績の改善・伸長、無駄な経費支出の削減
・貸借対照表のスリム化（事業の必要のない資産の処分など）
・会社の「強み」を育成・強化する
・計画的な権限委譲
・個人資産と企業資産の線引きの明確化
・各種社内マニュアル・規程類の整備
・株主の事前整理

（2）廃業について
事業承継、M&A、事業譲渡を考える前に、廃業について最初に確認します。

会社を精算するためには、会社の資産を処分して現金化し、債務を返上した上で残った現金を株主に分配するという作業が必要になります。

廃業の場合、売掛金等を全額回収します。一方、在庫や古い機械を一括売却した場合通常は簿価の20%程度になってしまいます。土地を更地にして返還するのであれば、建物を取り壊した場合、建物の価格はゼロになり、取り壊し

て更地にする費用等がかかります。また、土地自体も20％引きは普通のようです。さらに従業員の退職金も必要になります。

　この結果、経営者は創業者として長年やってきたにもかかわらず、役員退職金もなく借金だけが残る例は多くなっています。

　逆に優良企業で土地の含み益が多い場合、簿価と売却額との差に法人税等がかかります。また、残った財産を株主に分配すると所得税等がかかってくるので、実際の手取額は残余財産の3分の1程度になる場合もあるようです。

（3） 社員が経営を引き継ぐ場合

　次に、親族に適当な後継者がいない場合、社員を後継者にすることが検討されます。

　中小企業の赤字率は70％に達しているという厳しい経済情勢の中で「後継社長」になれる人の条件は、次の2つとなります。
① 「創業者」以上の経営能力と資質がある人。
② 「第二創業」ができる人。

　この2つの条件を満たす人材がいたとしても、現実に金銭面を含めて後継者問題を考えると、あらためて「従業員が会社を継ぐのは難しい」ことが分かります。

　それは次のような問題があるからです。
① 従業員が株式の時価で買うことができるか。
② 個人の自宅等資産の担保能力があるか。
③ 万一倒産した場合には自宅や個人資産を処分するだけでなく、自己破産を余儀なくされる可能性もある「個人保証」を本当にするのか。
④ 従業員として優秀なだけでなく、財務の知識や経営の知識、統率力等経営者としての適正と能力があるのか。

　以上の問題点を考えると、非上場会社では、「従業員を後継者に抜擢して後を任せることはできない」と覚悟しておいた方がよいようです。そこで、廃業と社員を後継者にするという手段以外を考える必要が生まれます。

（4） 事業承継のために有効な手段・施策
　1） 事業承継計画の作成
　承継計画の立案から実行までを自社単独で行うことは困難であり、早い段階から、弁護士、税理士、公認会計士、行政書士、金融機関、商工会議所・商工会等の各種専門家を活用した相談・情報収集を行うことが重要と言われています。この早い段階というのは具体的には、社長がいわゆる一般的に定年と言われる60～65歳であり、事業承継の問題を意識している場合は、準備期間が最低でも5年と考えると、それが早めの準備としてのスタート時点となることがお分かりでしょう。

　承継の方法および後継者が決まったからといっても、それだけで事業承継の成功が保証されたことになりません。実際には、事業承継を含む中長期の経営計画をきっちりと立て、着実に準備を進めていくことが重要です。

　経営者が、影響力の低下や家族間のトラブルを避けるため遺言を作成していても、意思の伝達がないままに相続が開始し、内容も想像できない遺言が出てきた場合には、相続人間で遺言の有効性や遺留分の権利をめぐってトラブルが生じかねません。

　逆に、法的に有効な遺言書が作成されていれば、遺産分割協議を要しないことに加え、相続すると事業に悪影響を及ぼす可能性がある者の影響力を遺留分まで下げることも可能です。そうした者がいる場合、特に早期に準備して、その者の遺留分相当の現金を準備すべきです。

　2） 相続時精算課税制度
　いったん相続時精算課税制度を選択すると、その後の受贈財産にはすべて同制度が強制適用されるため、基礎控除額110万円の暦年課税制度によることはできません。そのため、この制度を検討する場合は、税務署や税理士さんに相談されるとよいでしょう。

　3） 遺　言
　遺言は法定相続に優先しますので、他の相続人の遺留分に注意すれば、法定相続分とは関係なく、後継者に株式や事業用資産の集中を行うことができます。

自筆証書遺言を作成するのは、財産の種類が少なく遺言の内容が単純であるような場合に限ります。望ましい手段は、公正証書遺言で、これは、公証人という専門家が作成に関与する遺言です。

遺言作成に一定の費用負担が生じることや、原則として遺言作成に立ち会う2名の証人（相続人等の利害関係者以外）とともに公証人役場に出向いて作成する必要があるため一定の手間がかかりますが、公証人が作成に関与するため、無効になる可能性が低く、偽造・紛失の恐れもないことから、相続紛争防止のためには非常に有効と考えられます。

4）種類株式の活用

「議決権制限株式」とは、議決権の行使に対して一定の制限が付されていることが定款に定められている株式のことを言います（会社法第108条2項3号）。万一の事態が発生するのを回避するため、拒否権付種類株式を発行し、これを元経営者が保有しておくことによって、後継者の経営を牽制できる余地を残しておきます。

議決権のある普通株式を後継者に取得させて経営権を集中しつつ、議決権制限株式を経営者の親族に相続させて財産権を残す。あるいは、拒否権付種類株式を発行して重要事項についての拒否権を経営者が保持しつつ、後継者に株式の大部分を譲渡するという手段も可能です。

5）債務の圧縮

一般的には、単に社長が交替したからといって、経営者の連帯保証がすんなりと解除されることは少なく、そればかりか、これまでの経営者に加えて、後継者も連帯保証人に加わることを求められるのが通常です。

個人（債務）保証・担保の処理は非常にやっかいな問題であり、経営者・後継者双方にとって相当の負担となります。まずは、事業承継に向けて債務の圧縮を図ることが先決です。

（5）中小企業の出口戦略

前述のような困難な課題や留意点が多くあるのが後継者問題ですが、改めてごく簡単にまとめてみます。いずれにしても、早目の準備を行うことが選択肢

を増やし、円満解決につながりやすいと言えます。最近では、中小企業や個人商店でも後継者を公募し、オーディション形式で適任者を探す動きも出てきています。

① 中小企業の出口
・後継者が不在で、会社を継続していくことができない。
・製造業での空洞化、卸でのメーカーと小売りの直結などによる先行き不安を抱えている。
・構造不況で赤字が続き、会社を精算したいが自宅を売っても借金が残ってしまう。

② 理想的ビジョン
・M&Aで会社を譲って、ハッピーリタイヤする。
・親族に会社を継がせる（親族内承継）。
・番頭に会社を継がせる（MBO：マネジメントバイアウト）。
・上場して、資本と経営を分離する。
・金融機関などから経営者を派遣してもらう。
・会社を清算する。

③ 何から手を着けるか（立場：法的な紛争を回避する）
・後継者育成、事業承継時期も踏まえた中長期の経営計画の策定。
・相続人の遺留分にも配慮した事業承継対策をする。
・遺言を活用して相続紛争対策をする。
・任意後見制度を利用する。
・定款の変更や議決権制限株式等の種類株式や相続人に対する売渡請求など、会社法上の各種制度を利用する。
・自社の要望に適したM&Aを実現する。
・M&AやMBOを行うに当たって、ファンド・投資会社を利用する。

（6）事業を継ぐ君へ

事業を承継では、主に従業員と資産の承継となり、目に見えにくい経営資源の、営業秘密、特許等の無形の財産権、許可・認可・認証等は、それが無けれ

ば事業が続けられない（中断してしまう）にもかかわらず漏れがちですので事前対策が必要です。

　さらに承継されないのが、事業承継計画にも個人の遺言書にも記載されない、以下に例示するような、経営者の内面にある会社経営に重要な要素でしょう。

　・会社の成り立ち
　・私の目指してきたもの
　・会社のピンチ
　・会社（経営者）を支えてくれた人・金融機関
　・感じてきた業界の風
　・お世話になった人たち（この人たちがいたから今がある）
　・製品、サービスへの思い
　・困ったこと、迷ったこと
　・私の思い描く社会と自社の役割

　新しい経営者が、企業の真の人脈が理解できておらず引き継いですぐ倒産したケースもあります。その人脈をどのように把握するのかについては、第4部でも取り上げますが、次のような手段も必要ではないかと考えます。

　企業は経営者の思いの詰まった分身とも言えるでしょう。事業承継計画がいわば会社の外向きの顔であるなら、こうした内容は内向きの顔で非常に重要です。

　その思いをつなぐため「事業を継ぐ君へ　大切な事」などと題して、経営者の嗜好や時間等の制約にあわせて、手紙、冊子、電子書籍などの形で次の世代へ引き継いではいかがでしょうか。

　インタビュー形式、テープ起こし、手書き文章の整理、文書・写真の整理加工なども加えた作成など、多様な展開が可能です。

表5　事業承継計画表（知的資産含む、親族内承継）

	項目	現在	1年目	2年目	3年目	4年目	5年目	6年目	7年目	8年目	9年目	10年目
【基本方針】												
事業の計画	売上高											
	経常利益											
会社	定款・株式・その他											
知的資産関係	資格											
	経験年数											
	許認可											
	知的財産権											
	知的資産											
	リスク											
	契約関係											
	その他											
現経営者	年齢											
	役職											
	関係者の理解											
	株式・財産の分配											
	持株（%）											
	その他											
後継者	年齢											
	役職											
	後継者教育 社内											
	後継者教育 社外											
	持株（%）											
	その他											
補足												

3. 事業譲渡

　事業譲渡の特徴として、①事業譲渡の対価は直接株主に入らない、②精算よりはるかに有利という点があります。
　最初から精算しても同じように思えますが、大きな違いがあります。直接精算する場合には、資産の譲渡価格は精算価格として簿価を大幅に下回ったり、ものによっては簿価の10分の1～ゼロ評価となったりすることもあり、場合によっては債務超過にもなります。
　一方、事業譲渡後に精算する場合には、譲渡資産の価額は原則時価であり、さらに通常は譲渡価格には営業権の対価が加算されるので、残余財産額は直接精算の場合に比べて大きくなることになります。
　事業譲渡は、単なる事業用財産の譲渡ではなく、事業の継続が前提となりますので、財産とともに従業員の移転が必要となります。財産や権利義務が一切承継される合併では、従業員との雇用関係も承継されますが、事業譲渡では従業員との雇用関係は当然には移転しないので、個別に従業員の同意を得ることが必要になります。したがって、契約書にも従業員の取扱いに関する規定を明記するのが一般的な方法となっています。
　この雇用関係が当然には移転しないということが、次のM&Aが利用される理由でもあります。

4. M&A

　大手企業のM&Aは「合併」が主流で、この目的は主として合理化です。一方、中小企業のM&Aは90％以上が企業の譲渡・譲受です。言い換えれば「後継者問題」を起因として、株式の100％売買が目的で行われます。ここで切り札として登場したのが、「民事再生法」を活用したM&Aです。
　2000（平成12）年に施行された民事再生法は、従来の和議法や会社更生法を活用した手続きと比べ、少ない債権者の同意（過半数の債権者かつ債権額）で

実行できるばかりか、新会社への事業譲渡でも、個別の債権者の同意を得なくても裁判所の許可さえあれば実行できるよう改められました（第21条）。

つまり、銀行など大口の債権者の同意さえあれば、スポンサーを得て会社の再生に乗り出すことが従来と比べて非常に容易に実行できるようになりました。まさにM&A（事業譲渡）を使って事業を再生させることを念頭においた、その名にふさわしい制度だと言えます。

ベンチャービジネスと上場企業との株式交換では、企業規模の差から考えると簡易株式交換（株主総会決議の免除）が可能と思われるので、上場企業にとってはやっかいな手続きが簡略化されます。

中小企業のM&Aにおける、売り手側メリットには、①後継者問題の解決、②会社の存続＝従業員全員の雇用継続、③創業者のハッピーリタイヤ、があり、一方買い手側メリットとしては、①経営の多角化、②グループ企業としての売上・利益の拡大、③シナジー効果、があります。経営権の移行を伴うM&Aは、株主はもちろんのこと、経営陣や従業員、取引先や金融機関などの利害関係者に大きな影響を与えることになるため、さまざまな株式取得の方法の中から最善の方法を選択する必要があります。

合併には、吸収合併と新設合併の2つがあります。吸収合併は、合併当事会社のうち1社が存続会社となり、他の会社は解散してその財産および権利義務の一切を存続会社に承継させる方法です。新設合併は、文字通り合併当事会社がすべて解散して1つの新会社を設立し、解散した会社の財産や従業員を引き継ぐ方法です。この新設合併を採用するケースはほとんどありません。なぜなら、新設合併の場合、合併当事会社に与えられていた許認可等はかならずしも新設会社には承継されるとは限らず、新しく許認可を取得する必要が生じるなど、迅速な事業開始ができないからです。後継者対策や事業承継を考える場合、こうした許認可の継承についても考えておくことが必要で、この場合も、結局、早めの準備が必要ということになります。

5. 企業評価

　企業評価とは「相場のないもの」に値段をつける行為です。したがって、最終的な評価額は、貸借対照表や損益計算書等の「目に見えるデータ」だけでなく、会社の特性といった「目に見えないデータ」も考慮して算出されます。
　売却価格の目安が分からなければ、M&Aという選択肢を検討することすら困難です。中小企業のほとんどは非公開会社であり、市場での株価が形成されないため、「過去の経営実績と将来性」「収益性やキャッシュ・フロー（資金繰りの状況）」「場合によっては、企業内の事業単位別の評価」などを総合的に考慮して株価を算定するのが通常です。
　自己診断に利用する評価法は「純資産法」と「収益還元法」の2種類です。それぞれの評価方法だけでは不十分な面もありますので、自己診断では、これら2種類の評価方法を併用し、それらを総合的に判断することによって、株価を試算します。
〈会社の評価に影響する要因〉
　① 市場の成長性
　② 市場のシェア
　③ 業種（人気業種か否か）
　④ 販売ルート（独自ルートか商社を通すのか）
　⑤ 取扱商品（単一商品か複数商品か、人気ブランド商品か否か、ライフサイクルはどうか）
　⑥ 商品開発力
　⑦ 得意先・仕入先の数および取引金額
　⑧ 下請けか否か
　⑨ 経済情勢・金融情勢
　⑩ 社長の経営理念による会社の特性

　評価基準には、定性的評価と定量的評価があり、前者には価値を使った評価、ベクトルを使った評価があり、後者には非金銭的評価と金銭的評価があり

ます。知的資産の価値評価についは、「無形資産の金銭的評価方法は、まだ実用に耐えられる精度のものではない」といわれています。しかしながら、事業譲渡やM&Aを考える上では、非金銭的資産の評価も重要であり、デューデリジェンスと呼ばれる企業価値評価は、継続的企業としての知的資産の評価にも参考にすべき方法であると考えます。つまり、一般に無形の資産、知的資産の評価は困難であり、銀行も知的資産をもとにした融資には積極的とは言えない状況ですが、事業譲渡やM&Aを考える場合には、通常の手順として、このデューデリジェンスと呼ばれる企業価値評価の過程で、知的資産の評価が行われており、これを継続企業にも取り入れることができると思われます。

第 5 章 育成・強化ツール

本章では、育成・強化ツールとは、第1章「知的資産の育成・強化」で触れたように、自社で発見した知的資産から価値を生み出すための準備として利用できるものを取り上げています。これにより、自分の権利の主張や、契約を有利に結ぶための手段となります。

1. 先使用権
2. 特許関係手続と行政書士
3. 不正競争防止法
4. 内容証明郵便
5. 著作権
6. 契約書
7. 告訴・告発

1. 先使用権

先使用権とは、先使用による通常実施権のことをいいます。そして、「先使用による通常実施権」とは、他人の特許権に係る発明が特許出願される以前から、同じ発明を使った事業、または事業の準備をしていた者に対して、所定の条件のもとで与えられる無償の実施権のことです。

独自に発明を完成させて、他人の特許出願前から事業やその準備をしている者が、その後に出願された他人の特許権によって事業の継続ができなくなるというのは不合理であり、産業政策上も好ましくありません。特許法では両者の公平を考慮して、出願前から発明を使用している者に対して所定条件下で先使

用権を認めて、その発明を使った事業の継続ができるようにしています。

これには「特許出願に係る発明の内容を知らないで自らした発明」または「特許出願に係る発明の内容を知らないでその発明をした者から知得した発明」であることの必要があります。

① 実用新案権や意匠権についても、同様の先使用権の制度があります。商標権についての先使用権もあるのですが、これは少し性質が異なります。

② 先使用権を主張するのは、特許権者から権利行使されたとき、具体的には「差止請求」や「損害賠償請求」を求める訴訟や、その前段階としての警告があったときがほとんどです。

抗弁（原告の主張に対する反論）として先使用権の存在を主張して認められれば、「差止」や「損害賠償」を回避できるからです。

先使用を立証するための証拠としては、「研究開発ノート」「技術成果報告書」「事業計画書」「設計図」「仕様書」「見積書」「納品書」「カタログ」「サンプル」「製品」等がありますが、これら一連の資料を、日付がわかる状態で保管しておくことが大切です。

2. 特許関係手続と行政書士

特許の業務については弁理士さんだけしかできないと思っている方も少なくないかもしれません、特許査定・登録査定までは弁理士にしかできませんが、それ以降の、特許料・登録料の納付、設定登録などは、弁理士以外でもできます。

弁理士法施行令6条で定められている行政書士が業務としてできる手続を抜粋でご紹介します。

① 特許料、割増特許料、登録料又は割増登録料の納付
② 特許料又は登録料を納付すべき期間の延長の請求
③ 特許料又は登録料の軽減、免除又はその納付の猶予の申請
④ 既納の特許料又は登録料の返還の請求
⑤ 証明書等の請求申請

⑥　既納の手数料の返還の請求
⑦　商標法第68条の6第1項の規定による国際登録の名義人の変更の記録の請求
⑧　工業所有権に関する手続等の特例に関する法律第7条第1項の規定による磁気ディスクへの記録の求め、同法第8条第4項の規定による申出、同法第14条第1項の規定による届出若しくは予納、同法第15条第3項の規定による残余の額の返還の請求又は工業所有権に関する手続等の特例に関する法律施行令第1条第3項の規定による届出
⑨　特許登録令、実用新案登録令、意匠登録令又は商標登録令の規定による手続で経済産業省令で定めるもの
⑩　特許証、実用新案登録証、意匠登録証又は商標登録証若しくは防護標章登録証の再交付についての手続で経済産業省令で定めるもの

3．不正競争防止法

　不正競争防止法の規定は、自社の行為がこの規定に抵触しないものであることは当然として、自社の権利を守る手段として、理解しておくことが必要です。
　不正競争防止法によって、不正競争行為とされる行為の類型は以下の9つです。
①　周知表示混同惹起行為（第2条1項1号）
　他人の氏名、商号、商標など（商品等表示）として需要者に広く認識されているものと同一、または類似の表示をしたり、そのように表示した商品を譲渡などして、他人の商品または営業と混同させる行為。
②　著名表示冒用行為（第2条1項2号）
　他人の著名な商品等表示と同一または類似のものを自己の商品名等表示として使用したり、そのように表示した商品を譲渡などする行為。
③　商品形態模倣行為（第2条1項3号）
　他人の商品の形態を模倣した商品を譲渡などする行為。

④ 営業秘密に関する不正行為（第2条1項4～9号）

　営業秘密を不正に取得したり、不正に取得した営業秘密を使用・開示したり、正当に取得した営業秘密を不正な利益を図る目的または営業秘密の保有者に損害を与える目的で使用・開示する行為など。

⑤ コンテンツ（映像・音等）にかけられている技術的保護を無効にする装置の譲渡等（第2条1項10～11号）

　映像・音・プログラムにかけられたアクセス制限やスクランブル（暗号化）、コピーガードを無効化する機能のみを有する装置等を譲渡などする行為。

⑥ ドメイン名の不正登録等（第2条1項12号）

　不正な利益を受ける目的または他人に損害を与える目的で、他人の氏名、商号、商標などと同一・類似のドメイン名を使用する権利を取得、保有する行為、またはドメイン名を使用する行為。

⑦ 品質・内容等の誤認惹起行為（第2条1項13号）

　商品やその広告・取引用書類・通信に、その商品の原産地、品質、内容、製造方法、用途若しくは数量について誤認させるような表示をし、またはそのように表示した商品を譲渡などする行為。または、サービス自体やその広告・取引用書類・通信に、そのサービスの質、内容、用途若しくは数量について誤認させるような表示をし、またはそのように表示したサービスを提供する行為。

⑧ 信用毀損行為（第2条1項14号）

　競争関係にある他人の営業上の信用を害する虚偽の事実を告知し、または流布する行為。

⑨ 代理表示等冒用行為（第2条1項15号）

　外国の商標権者の承諾を得ずに、その代理人などが、正当な理由がないにもかかわらず、その権利にかかる商標と同一・類似の商標を同一・類似の商品・サービスに使用する行為不正競争にあたるかどうかは、取引の実情の下において、需要者が両者の外観、呼称、または観念に基づく印象、記憶、連想等から両者を全体的に類似のものとして受け取るおそれがあるか否か

で判断されます。

具体的要件としては。

a. 他人の氏名、商号、商標など商品または営業を表示するもの（商品等表示）であること。
b. 需要者の間に広く認識されていること（周知性）。
c. 他人の表示と同一または類似であること（同一・類似性）。
d. 他人と同一・類似の表示をすることで他人の商品または営業と混同させること。

の4つの要件を満たすかで判断されます。

（同一・類似表示の使用者の営業地域において、
その顧客層の間で周知であれば足りるとされます。）

相手の行為が、上記の不正競争行為であれば、①差止請求（3条）、②損害賠償請求（4条）、③信用回復措置請求（7条）が認められることになります。なお、損害額については、立証が困難であることから、不正競争行為によって利益を受けている者の利益をもって損害額と推定されます（5条）。

4. 内容証明郵便

一般的な売掛金や未払い金の回収について、

弁護士「まず内容証明を相手に送ります。それで売掛金を回収できなかったら、裁判をしましょう」

司法書士「まず内容証明を相手に送ります。それで売掛金を回収できなかったら、支払督促か少額訴訟をしましょう」

このような話がよくあるケースと思われますが、本当に内容証明は必要でしょうか。いきなり、戦おうという姿勢を見せる内容証明はあなたには必要ないかもしれません。

相手との関係を壊さないで売掛金を回収した方が得策の場合も少なくありません。というのも裁判で勝っても相手が無一文なら弁護士費用はあなたが支

払うはめになるかもしれないからです。また、支払い督促でも相手が異議を申し出て裁判になっては、長引くだけで両者とも得にはなりません。

そこで、ご自身が許容できる条件を決め、それに相手が状況をふまえてどんな内容なら支払えるのかを新たに契約書にしてしまう方法で問題解決を図ることができるかもしれません。

相手と話し合いを持ち、相手の状況を加味した新しい契約書を作ることで、相手の立場を守りながら、穏やかに自分の希望を実現する対策をとることも「知恵の経営」と言われる知的資産経営そのものだといえます。もちろん、それまでのいきさつなども影響してきますので、いきなり内容証明郵便を送りつけて、本気で取り組む強い姿勢を相手に示す方が有効なケースもあります。

内容証明郵便は、インターネット上でも提出できますが、取扱い郵便局は限られていますので、持参漏れや記載の誤りにより無駄足にならないように、ご自身で出かける場合は、事前に問い合わせて確認することをお勧めします。

5. 著作権

作家や音楽家でなければ利用する機会もなく、特許権に比べ弱いイメージがあるのが著作権ですが、使い方によっては、特許権以上の効果を生ずる場合もあります。ここでは、著作権についてその概要を記載します。

日本では、著作権は作品を創作した時点で自動的に付与されます。これを「無方式主義」と言います。つまり特別な手続きなどをしなくとも、作品を作った段階ですでに著作権者です。しかしそれを証明することが難しいことも事実です。例えば曲を作ったのに、他の人から自分の曲であると主張されたとき、これは自分の曲だと言っても水掛け論になるだけです。

この曲が自分のものであるという証拠が必要なのです。そこで「著作権の登録」の制度が生きてきます。しかし何でも著作権の登録ができるわけではありません。著作権の登録をするためには、それが著作物として認められるものでなくてはなりません。

また著作権登録をする上においてもう一つ注意が必要なのは、著作権とは

「著作物＝表現されたもの」を保護するためのものであって、表現するために用いたアイデアは保護されないということです。マニュアルや方法論、発明品などは、それらを説明するための文章などは著作物として認められるものもありますが、そのものは著作権としては保護されません。

（1） 著作権の譲渡時の留意点

すべての著作権を譲り受けたいときは「全ての著作権を譲渡する」と規定するだけでは不十分で、後日のトラブルを避けるためには「全ての著作権（著作権法第27条及び第28条の権利を含む）を譲渡する」と契約する必要があります。この理由は、著作権法では、譲渡人を保護する規定があり（著作権法第61条2項）、契約書にそのことを踏まえた記載がないと、著作権の一部（第27条の翻訳権、翻案権と、第28条二次的著作物の利用に関する原著作者の権利）が譲渡人に留保されたことになるからです。

（2） 著作物の保護期間

著作権には法律で保護される期間が決まっており、それを過ぎるとパブリックドメイン（公有）となり、自由に利用することができます。

保護期間は、基本その著作物の公表後50年、もしくは著作者の没後50年です。著作者が実名で公表した場合や、変名でも特定の個人であることが周囲に明らかな場合などは没後50年です。この保護期間については、今後、わが国のTPP参加により延長されるのではないか、と言われています。

また共同の著作物の場合は共同著作者の中で、最後に亡くなった著作者の没後から計算します。法人が著作者の場合などは公表の年が計算の基礎になります。

商標登録されているものは、営利を目的として利用することはできません。商標権は、著作権と違い10年ごとに更新することができるので、著作権の保護期間を過ぎていたとしても、商標権として保護されます。例えば「ミッキーマウス」がパブリックドメインになったとしても、商標登録されていますので、ミッキーTシャツを勝手に作って売ることはできません。

著作権法では、第30条で「私的使用のための複製」が許されています。これは著作権を一定の条件で制限するというもので、使う人の権利ではありません。そのためかなり限定されていることを理解しておくべきでしょう。

(3) 市民グループなどで著作物を作った場合

権利をグループ（人格なき社団）に譲渡したり、「人格権を行使しない」というルールを作ったりしておくことが適切です。これらのうち、「共同著作」とは、2人以上の者が共同して創作した場合で、それぞれの寄与を分離してその著作物を利用することができない著作物を言い、例えば討論会・座談会などがあります。また、「結合著作」とは、2人以上の者が共同で創作したもので、外観上は一つの著作物でも、それぞれ別に利用することが可能な著作物を言います。この例にはオムニバス形式の小説、小説と挿絵などがあります。

この2つの違いとして、結合著作物を利用する場合は、利用したい部分の著作者にのみ承諾を得ればよく、共同著作物の場合はすべての著作者に承諾が必要になります。

(4) 法人著作

法人の従業者が創作した著作物について、一定の場合には、会社が著作権者となります。これを法人著作と言います。
① 法人の発意の元に作成されるもの
② 法人の業務に従事するものにより作成されるもの
③ 法人の従業者の職務上作成されるもの
④ 法人の著作名義の下に公表するもの
⑤ 法人内部の契約、勤務規則等に、別段の定めがないこと
　　（製作者を著作権者とするという取り決めなど）

これらの条件に合致した場合、法人が著作者となります。コンピュータ・プログラムに関しては④の公表が無くても認められます。コンピュータ・プログラムは公表されずに利用されるものも多いためです。これらの要件を満たさない場合は、原則として創作者に著作権が帰属されることになりますが、問題が

複雑になる場合もあります。

6. 契約書

　ここでは、後日のトラブルを避けるための、契約書の記載にまつわる、留意点について簡潔にご紹介します。会社の担当者等が作成した契約書は、一応体裁が整っていても、意味をなさないことが書いてあったり、一つの契約書の中で矛盾が生じていたりするケースも珍しくありません。内容には十分な配慮が必要となります。

（1）　特約について
　「当事者の一方による本契約に定められた義務の重大な違反又は不履行があった場合、相手方当事者は、書面による催告にもかかわらず当該違反又は不履行がその受領後30日以内に是正されないときは、本契約を何時でも解除することが出来る」。
　民法の「定期行為」（第542条）、商法の「確定期売買」（第525条）では、催告を必要としない解除権を認めているのに、本当にこの契約でよいのか。
　例）「バレンタインデー用の品が納期に届かなかった」

（2）　契約日について
　契約日としてよくさかのぼった日を記入することがありますが、その日結ばれていないという事実があると、結局起算日が無い契約となります。これでは、契約を締結した日の代表者は誰か、いつの法律が適用されるのか、契約日から1年とはいつのことか等が不明になってしまいます。したがって、さかのぼって必要な場合は、契約日を変えるのではなく、「〇月〇日にさかのぼって適用する」という条項を入れて、記載した日の正しい日付を書きます。

（3）署名について

　自署する場合は、持ち帰らさずに、面前で行ってもらうことが必要です。持ち帰った場合は、その署名を本人が書いたかどうか不明だからです。

（4）専門家への依頼について

　取引の具体的な中身を知らない者にとって、契約案の文字面だけを見て問題を指摘しろと言われても大きな困難が伴います。依頼者として大切なことは、「そもそも自分の会社はその取引で何を得ようとしているのか、また相手方には見返りとして何を得させようとしているのか」を明確にしておくことです。

7．告訴・告発

　行政書士は、権利者の依頼を受けて、侵害者に送る警告書を作成することができ、また、警察署へ提出する告訴状・告発状を作成することができます。

（1）告　訴

　行政書士は警察署に提出する告訴状の作成ができます。告訴とは捜査機関に対して犯罪を申告し処罰を求める意思表示で、犯罪被害者等が申告するものです。これは起訴を求めない被害届と異なります。

　告訴の方法は書面でも口頭でも構いませんが、通常は書面で行います。告訴する先は検察官または司法警察員ですが、実際には告訴の受理にはかなり慎重です。告訴が受理されると捜査が開始され、司法警察員は、告訴に関する書類などを検察官に送付する義務を負います。検察官は、起訴・不起訴を通知する義務を負い、請求のあるときには不起訴理由を告知する義務も負います。なお、親告罪というのは、公訴提起に告訴が必要な犯罪のことをいいます。

（2）告　発

　告発とは、「告訴権者及び犯人以外の者」が、捜査機関に対して犯罪事実を申告し、犯人の訴追を求める意思表示のことを言います。すなわち、行為主体

が違うだけです。告発をする資格というのはありませんので、誰でも、犯罪があると思料するときは告発をすることができます。ただ、これも受理は告訴よりも慎重になされると思われるので、何でもかんでも告発すればよいということではありません。

第6章 経営者の個人的基盤

本書では、「経営者の個人的基盤」として、
1. 揺れ動く夫婦関係
2. 遺言より前にすること
3. 遺産分割

のテーマを取り上げます。

そもそも「経営」という漢字は、どちらも「人の営み」をあらわしています。私たち個人の生活そのものが、自分の持つ経営資源（能力）を高め、家族・周囲等へ気配りし、調和を図り、収入と支出を考えて暮らしています。

つまり、経営者であっても、主婦、サラリーマン、OLであっても、すべての人が自分をどう生かし、周囲との環境の中で競争したり、協力しあったりしながら生活していますので、「すべての人は知的資産経営を日々営んでいる」とも言えるのです。

また、経営者自身も、従業員もその生活基盤である個人的生活に大きな悩みをかかえていては、適切な組織運営を継続的に行うことは難しいでしょう。そのためにも、個人の生活もしっかり経営することが必要と言えます。それでも、個人的な問題と会社の問題は別であり、ビジネスとして考える必要が無いとお考えでしょうか。たとえ経営者のあなたがそうだとしても、従業員や取引先の方はそうでないかもしれません。個人的な問題は、それが目に見える形のケガだけで

なく、目に見えない精神的な負担も心のケガと言えます。そもそも、本書は目に見えにくい経営要素を扱っているのですから、ここで取り扱うこととします。

1. 揺れ動く夫婦関係

（1） 揺れる気持ち

　もう好きにはなれない、気持ちは戻らない。けれど一緒に暮らした相手をひどい目にあわせるつもりはない。「だた、困っている…」。あなたの相手も、おそらく困っています。

　私たちは、そもそも結婚するときに、相手のことを好きになって結婚します。「その人の考え方が好き」「価値観が好き…」。ただ「そう信じたかった」というのがほとんどではないでしょうか。結婚してからいろいろな問題が浮かび上がってきます。

　初めての結婚生活は、お互い新しい経験です。だから、独身の時とは違ってくるのはむしろ当然です。例えば、独身で収入の全部が自分の小遣いだったときから、結婚したとたんにそれを2人で分けるようになります。扶養義務、相互協力ということが、具体的にどういうことなのかを感じ始めるのは結婚して生活が始まってからでしょう。生活をともにし、家計をともにし、家事を行う。そこで初めて、相手がどういう人なのかが分かってきます。

　お金への執着心がつよいのか、人物が小さい人物なのか、おおらかに思えた性格がただの鈍感なのか…。

　　繊細×神経質
　　清潔好き×異常に清潔嗜好
　　さわやか×無関心
　　おおらか×鈍感
　　子供好き×自分が子供
　　男らしい×乱暴、衛生観念が低い
　　豪快×気が回らない

優しい×責任感がない

　結婚前には、輝いて見えた相手の特徴にある、裏返しの欠点が見えてきます。

（２）　法的効果の無い実質的な法的解決

　何かのきっかけがあって、もう心が離れてしまい、もとには戻れない。けれど、小さな子供には悪い影響を与えたくない。相手は、夫婦として仲良くやっていくことはできない人だけど、子供の親としては「いい親」だと思う。こうした場合、このまま外見だけ「仲の良い家族」を続けるべきなのでしょうか、気持ちの整理をつける方法はないのでしょうか。

　夫婦関係のコンサルタントの中には、きっぱり別れることを勧め、「別れるからには、いかに自分が有利な立場になり、相手から多くのお金を取るか」を教える人もいます。けれど、相手から金を巻き上げることを心に持ちながら、夫婦の体裁を取ることに心理的な抵抗を感じる人も少なくありませんし、子供への悪影響も心配される人がほとんどです。

　あなたらしさを大切にして、相手の気持ちも尊重しながら、これからのお互い（子供も両親も）の生き方を考えて、可能な手段はいろいろあります。例えば、法律だけで解決するのではなく、法律を踏まえた両者の合意の中に解決策があります。夫婦間に限らず、親子関係にあっても、当事者だけの話し合いでは、つい感情的になり、解決がなかなか進みませんが、専門家という第三者が入ることで、すんなり合意に至ることも少なくありません。

　実例としては、法的効果のない、つまり裁判に訴えることのできない書面であっても、両者の約束として明確にすることで、長年のわだかまりからすっかり開放され、明るい表情で子供のための良い家庭を保っていらっしゃるご夫婦もいます。また、子供が小さな場合だけでなく、逆に親の再婚を成人した子供たちが、だまされているのではないかと心配し、懸念事項について、再婚までに契約書を作成して明らかにする方法で、明確に確認しておくという方法をとる場合もあります。

2. 遺言より前にすること

　人は年を取ってくると、誰にでも起こる可能性がある身体の不調があります。これは場合によっては、遺言よりも先に考え対策をしておく必要があると言える内容です。

（1）　身体能力の低下
　年齢とともに、身体が不自由になる、視力が低下し身体が弱くなることは、誰にでもいつかは訪れます。これに備えてすべき準備を行う理由としては、
　・銀行からのお金の引き出しや振込をする。
　・家賃や光熱費などの支払いをする。
　・自分が経営する家賃などを受け取る。
　・保険契約や保険金の請求をする。
　・病院や介護施設に入所する手続きをする。
　・要介護認定の申請、介護サービスの契約や変更解除、費用の支払い。
など、つまり、財産管理・介護・医療関係の手続きができるようにしておく必要があるからです。この目的を果たすための方法として、「受任者を決める」「委任契約書を作成する」という2つがあります。ただ、この契約の課題としては、いちいち人に頼んだりはできない。とか、内容は、きちんと決めておきたい。あるいは、後でトラブルにならないよう、報告はきちんとしてもらうというものがあります。したがって、これらが、きちんと実現できるように準備をしておく必要があります。

（2）　判断能力の低下
　次に判断能力が低下し、自分で必要なことができないという場合を考えます。
　ポイントは、こうなってからでは、委任状も作れないので周囲の家族もすぐには手伝えないということです。そこで、すべき準備としては、現在判断能力

があるのであれば、自分が適任者を後見人として選んでおきます。
　このことによって、
　・自分自身と財産を守れる。
　・治療費や介護費用を調整できる。
　・現在の生活を維持できる。
　・親族に相続が発生しても対処できる。
　・親族間のトラブル防止に役立つ。
　・家族の介護問題に対処する。
などの効果を得ることができます。

（3）対　策
　上記2つの「身体が不自由になる」「判断能力が低下する」という年齢と共に誰にでも起こりうることに備えるには、
　① 「受認者を決める」
　② 「委任契約を作成する」
　③ 「成年後見人を決める」
　④ 「任意貢献契約を作る」
　以上4つの要素を含んだ契約書を作成します。これは、経営者自身というよりも、経営者の両親のために必要な対策であるかもしれません。

3. 遺産分割

（1）遺産分割協議書の作成
　遺産分割協議書の作成は強制ではありません。ただ、現実的には、個人名義の不動産や預貯金、自動車などの相続手続きには遺産分割協議書の提出は必須であるため、作成が必要です。
　遺産分割協議書には、どの相続財産を誰が相続するのか等の合意内容を明確に記載して、相続人全員が署名・実印を押印します。そして、相続人全員の印鑑証明書を添えれば、不動産や預貯金の相続手続きが可能となります。

銀行や証券会社などはそれぞれ所定の相続手続き依頼書があります。
　遺産分割協議書の作成通数や印鑑証明書や戸籍類の取得通数は、手続きの必要な相続財産の種類によって変わってきます。

（2）　遺書と遺言書の違い

　「遺書」は、形式も内容も自由です。いわば、プライベートな手紙です。それはノートに書かれても、一人一人に手紙を書かれても、残された人には意義深いものになります。
　ですが、遺産相続という手続きにおいては、ほとんど意味がありません。そのうえ、「遺言書」と書いてあったとしても、法律で定められた一定の要件に従って作成されていなければ、それは法律上有効な「遺言書」とはならず、単に「遺書」としての意義が残るだけとなります。そうなると、その思いのとおりに実行される可能性は低くなり、残された者には煩雑な思いをさせることにもなりかねません。
　そこで、手間は掛かりますが、事業承継の項でも述べたように、できるだけ公正証書による遺言を作成しておくのが望ましいということになります。

第7章 経営戦略論の変遷

1. はじめに

　本書は、知的資産の重要性と知的資産経営について記載しており、なじみの無い方には、新しい考え方のように見えるかもしれません。実は、1950年代にドラッカーは「肉体労働に従事する労働者は減少し、知的労働に従事する労働者が増加する」と予想し、本書のテーマである知的財産の重要性を早くから予見していました。ここでは、知的資産経営として、経営戦略を考えるために、経営戦略論の変遷についてご紹介いたします。

　一般的なイメージとしては、最新の流行の経営戦略理論を学べば、過去のものは不要と思いがちですが、国の内外を問わず学者が経営戦略論を説く場合、その多くのデータを集め分析して構築する経営戦略論は、中規模企業か大企業をもとにしていると思われます。また、経済の中心近くで動く大企業と、地方の中小企業では、時間の流れ具合が異なるように感じています。

　そうであるなら、必ずしも以前の理論が役に立たないというわけではないでしょう。それを裏付けるように、個人や中小企業の経営者の中では、相変わらずマイケル・ポーター、ピーター・ドラッカー、フィリップ・コトラーの研究会やセミナーが行われていて、参加者も多いようです。

　その一方で、大きな時代の流れを理解したうえでこれらを学ばなければ、単なる頭でっかちの使えない戦略を身に付けてしまうことになります。自分の歴史の中では新しい理論であっても、それは何十年も前の世界の社会状況や経済状況、消費者行動をもとにした理論なのかもしれないということを意識しておくべきでしょう。もっとも重要だと思われるのが、1950年代からの経営戦略

論は、工業化社会を背景にしたものだということです。したがって、有名な学者の理論であっても、時代に合わず、まして、中小企業にはマッチせず逆効果ということもあるかもしれないのです。

2. 経営戦略論

以上の点を意識した上で、ここでは、ポートフォリオ論、エクセレントカンパニー、コアコンピタンス、ダイナミックケイパビリティという4つについて順に記載します。

（1） ポートフォリオ論（PPM：プロダクトポートフォリオマネジメント）
　これは、環境に適応しようとしたもので、戦略的観点から、経営資源の配分が最も効率的、効果的となる製品・事業の組み合わせを決定するため、経営分析、管理に力を入れました。多角化に当たっては市場占有率と収益性が重視され、事業間のシナジー効果などはそれほど重視されないこの考え方は、個々の事業をばらばらに所有するよりも、シナジー効果を追求する方が効率的であると認識され始める1980年代まで継続しました。
　この考え方は、戦略策定のみ重視し、現場の環境不適合が発生するという問題がありましたが、短期的収益極大化の手段としては有効だと言えます。

（2） エクセレントカンパニー
　日本企業の挑戦を正面から分析するもので、優良な企業は、人びとの行動を重視し、分権的な組織と自由度の高い価値観の共有（企業文化）にもとづくマネジメントの実践を行っていると結論づけ、環境に働きかける企業の能動的側面を強調しました。一方で、この考え方では、競争優位が持続しないとされました。

（3） コアコンピタンス

　能力ベース経営と言われ、この概念によって、従来の企業を戦略事業単位に分ける方法には大きな落とし穴があると理解されました。そして、企業の競争力構築と成長力維持のため真に必要な事業は何かについて、最終製品で競争するのではなく、コアコンピタンスで競争すべきとされました。

　この考え方は、後に大きな利益を企業にもたらした一方で、環境変化によってコアコンピタンスが有効でなくなると、他の可能性を排除していることから一本足経営の危険性を露呈することになりました。

（4） ダイナミックケイパビリティ

　環境変化に合わせてその戦略（内容）を変化させて、企業の能力の組み合わせを変化させる能力を大切と考え、これが不確実な環境で企業の競争優位性をもたらす能力であるとされました。（知識創造理論）

　企業の相対的なケイパビリティの実体化のための3つのレベルとして、「プロダクトレベル」「知識変換レベル」「組織資源レベル」が把握されます。

（5） 展開分野

　こうした理論を踏まえて、展開すべき分野としては、既存事業での勝ち残りを目指す、既存事業を活かし成長分野へのシフトを図る、まったく新しい分野へ進出するなどという考え方があります。この中でまったく新しい分野への進出は、隠された下地があることが望ましいと言えます。例えば、それまでの会社の業務ではないのだが、一定の資格者が社内に多数いて、それを生かした展開を目指すような場合です。別の展開分野への広げ方としては、アライアンスで、既存能力の新しい展開を図るという方法もあり、これは、自社の負担を調整しながら、得意分野を生かして広げる手段であると言えます。

3. まとめ

　第3部で扱った範囲は、非常に広く、各項目の説明は、詳しくありません。このため、さまざまな内容について次々に読んでいくと、ともすれば自分の立ち位置が分からなくなるのではないかと危惧しています。そのため、時には、オフバランスシートを見ていただき、自分が今、どの場所にいるのかということをつかんで頂く必要があると感じています。一度にすべての対策を行うことは大変ですから、何回かに分けて周期的に見直す、あるいは、改めて考えてみるという取り組みが適当でしょう。

　また、本書をお読みになった方で、ここに記載した項目についてさらに詳しくお知りになりたい方は、巻末の参考文献をご参考にして頂きたいと思います。

　このように、オフバランスシートとしてまとめたのは、その位置づけを明確にしておこうという狙いがあります。経営課題を見つけたり、経営戦略を構築したりする場合に、使えるツールを探す手がかりとなれば幸いです。

コラム4

　社内に問題社員を抱える企業は少なくありません。例えば集団の中で孤立しチームワークを乱し、組織の効率を低下させ、経営にデメリットをもたらす人物です。あるいはストレス耐性が弱く精神疾患により通院するなどの場合もあります。企業は簡単にクビにできませんから、企業はいわば負債を抱えたようになってしまいます。こうした人物が少人数の場合には、その人物個人に原因があると言えるかもしれませんが、そうした人の数が増えつつあるとすれば、実は個人ではなく、会社経営や組織管理に問題があり、その影響がそうした人物に現れているとも考えられます。したがって、会社のあり方を見直し、そうした人物が増えないような対策をとることが、会社経営にも利益をもたらす可能性があります。すると、負債と思っていたこうした人物は、実は会社に、将来の利益をもたらせてくれる資産を生み出すカギになるかもしれないのです。

　同じように、お店や企業に寄せられるクレームも、その対応に要する労力や費用を考えれば、負債と言えますが、そのクレームをお金をかけて集め、経営に生かしている経営者がいることを考えれば、クレームは隠れた資産（将来の企業収益を生み出すもの）とも言えるのです。

第4部　知的資産経営のツール

A bad workman blames his tools
ダメな経営者はツールのせいにする

はじめに

　第1章でも触れましたが、筆者が知的資産経営に興味を持ち、知的資産経営報告書について知ったときに、これは、身体の健康状態を調べることと似ていると感じました。あるいは、自動車の点検と似ていると考えてもよいかもしれません。

　その業界の専門家は、身体でも自動車でも、定期的な精密検査を行った方がよいと勧めます。我々一般人も、やらないよりやった方がよいということは分かっています。けれど、ちょっと疲れたせいだからとか、昔のように若くないからといって、よほどの自覚症状がなければ、多くの時間や費用がかかる精密検査を受けようとはしません。その一方で、健康が大切ということは理解していますから、テレビ番組で紹介される健康チェックや、簡単な問診票、あるいは、2時間もあれば終わる定期検診などを行う人は少なくないでしょう。

　知的資産経営の場合では、「知的資産経営報告書を作るのが知的資産経営であってそれ以外はありません」と言われると困ってしまいます。そこで、問診票や定期検診的な取り組みやすいものを作ろうとしたのが、ここでご紹介するツールなのです。

　ここでは、「知的資産経営（最初の5分）自己診断シート」「IMシート」「HRマップ」さらに、「仮説・検証アプローチ」についてご紹介します。これらのツールを使った知的資産経営の進め方の概要としては以下のようになります。

①　「知的資産経営（最初の5分）自己診断シート」で知的資産経営の概要を理解する。
②　「IMシート」により現状を整理し、次に自己の知的資産の活用策とスケジュールを定め、定期的に評価する。
③　知的資産を踏まえた上で新しい経営戦略を考える。

　また、「HRマップ」は人間関係・取引先との関係の再確認や整理に用い、「仮説・検証アプローチ」は、3カ月間の期限を定めて、知的資産の把握と活用に取り組もうとするものです。

第1章 5分シート

1. 目 的

　これからご紹介する知的資産経営のためのツールのまず第一歩が、この「知的資産経営（最初の5分）自己診断シート」です。長い名前ですので5分シートとしておきます。このシートは、知的資産とは何か、知的資産経営とはどういうことなのかについての25の質問で構成されており、これに○か×かで回答しながら、考えていこうとするものです。健康の分野で言えば、いわば問診票にあたるもので、簡単な質問に答えながらポイントを学びます。

2. 5分シート

　図4-1（136頁）と図4-2（137頁）に掲載した5分シートの内容は、本書をここまでお読みいただいた方には、すでにご理解いただいているものですが、自社やグループで知的資産経営に取り組もうとお考えの場合に、その導入として手軽にご利用いただけるものです。
　使い方は、会合の席で表面を全員に配布し、各メンバーに回答いただきながら研修を行う、または、事前に表面だけを配布して、回答を回収するなどの方法でご利用ください。
　なお、本シート下部に記載の知的資産経営支援研究会（IMSS）は、筆者が主宰する専門家グループで今後全国に活動の輪を広げたいと考えています。

知的資産経営 最初の5分 自己診断シート

利用方法

経営者の方が、自社（自店）の知的資産について、どの程度把握し利用しているかを自己診断するための25項目の診断事項を用意しました。それぞれの項目を○か×でチェックして下さい。
このシートを利用しながら知的資産を生かした新しい経営への第一歩を踏み出しましょう。

「うちには「知的資産」なんて何にもない！」というあなた、これらも知的資産ですよ。
知的資産というのは特許権や商標権のように権利化したものばかりではありません。自分が工夫して作り上げたコツやノウハウは知的資産です。また、人とのつながりも重要な経営資源なのです。

No	診断項目	診断内容	○	×	解説番号
1	A. 知的資産概要	知的資産については、かなり以前に考えたことがあるから、あらためて考える必要はない。			5
2		知的資産とは、特許権や商標権というように「権」が付くものだけをいう。			1
3		知的資産経営とか、知恵の経営とかいうのは最近出てきた、目新しさだけがうりものの言葉だ。			1
4		知的資産というのは知財のことで、知財の方が分かりやすい。			1
5	B. 経営者・経営戦略	知的資産経営を考える場合は、会社では一部署の担当者が考えれば良く、経営者が知的資産経営に及ぼす影響はほとんどない。			2
6		知的資産経営とは、いわば強さを活かす経営だと聞いたことがあるので、「弱み」の部分は考慮する必要はない。			5
7		新しい経営戦略を考えることと、知的資産を考えることはまったく別の事柄であり、関係はない。			1
8		経営戦略とは決算書に載っている財産をどのように活用するのかということだけをいう。			3
9	C. 決算書	決算書を理解すれば会社の価値のすべてが分かるので、この活用を考えることが大切だ。			3
10		会社で資産というのは、決算書に掲載されているものだけをいう。			3
11		知的資産と経理や税務はまったく関係がない。			3
12		主な会計上の指標は把握しているし、会計の状況は指標により評価するが、知的資産に評価指標は不要だ。			7
13	D. 知的資産の価値	知的資産を考えることは、学者やエコノミストが言っているだけで、中小企業ではそれは関係がない。			4
14		企業全体の価値に、無形の資産がしめる割合は、たいてい10％以下である。			3
15		知的資産というのは目に見えないものだから、把握する必要もなく、把握も困難である。仮に把握したとしても経営の役には立たない。			4
16		無形の知的資産から価値を生み出すようなことは不可能である。			4
17	E. 知的資産の評価	知的資産を具体的な数値で評価することは、まったく不可能である。			7
18		知的資産の評価は、10種類程度の評価基準しかなく、それは会計上の評価指標と同じものだ。			7
19		一度検討して没になったアイデアは、もはや利用価値はない。			5
20		他業種や他社のデータを知的資産経営に役立てることはできない。			10
21	F. 外部との関係	企業が融資を受ける場合、金融機関は物的担保あるいは保証人により決めるから、知的資産と融資は、今後もまったく無関係である。			6
22		企業の人的資産とは、顧客を対象にABC分析を行い、お客さまごとに、それぞれどのようなアプローチをするかを考えることである。			8
23		知的資産を検討するのは、内部のことを良く知った人間だけで行うべきであり、専門家といえども外部の人が係わる余地はない。			9
24		知的資産経営の専門家といえば、弁護士・税理士・中小企業診断士・弁理士だけをいう。			9
25		自社の経営戦略は、自社が保有する資産のみで考えることが必要である。			10

Copyright 知的資産経営支援研究会（IMSS）2012 All right reserved

図4-1 5分シート（表）

第1章　5分シート　137

知的資産経営自己診断シート(分析と解説)

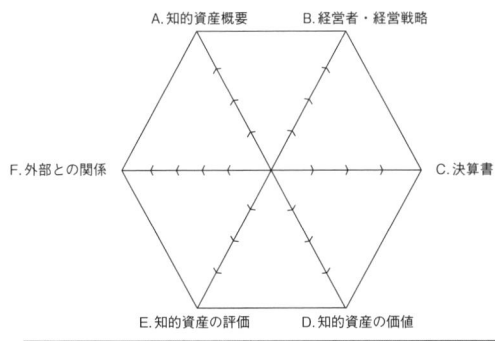

(レーダーチャート：A.知的資産概要、B.経営者・経営戦略、C.決算書、D.知的資産の価値、E.知的資産の評価、F.外部との関係)

■使い方
　それぞれの分類毎に正解数を左のグラフに記載して、視覚的に分野ごとに理解度を把握しましょう。

■「診断結果」の読み方
　それぞれの分類がバランス良く大きな六角形になることが理想です。
　解説を読みながら知的資産経営に対する幅広い理解を深め経営に活かしましょう。

■正解
　正解は全ての項目とも「X」です。
あなたはいくつ×がつけられましたか。
その数字が貴方の得点です。

解説	
解説1	知的資産とは、一般に知財と呼ばれる特許権や商標権といったように「権」が付くものだけではありません。これは2005年頃よりわが国の国際競争力を強めるために重要性が唱えられました。日頃の経営に活かすため、常に把握し取り組むことが望まれます。
解説2	目に見えない知的資産の価値をどのように捉えるかは、企業理念や経営戦略が非常に重要であり、その意味で経営者の果たす役割は大きいと言えます。
解説3	目に見えない資産が企業価値にしめる割合は50%以上と言われており、その意味では、決算書に表現されているものは、その企業価値の一部でしかなく、知的資産をうまく活用すればそれが結果として損益計算書など決算にも表れてきます。
解説4	例えばパンづくり、酒造りが上手な職人の技・ノウハウは決算書に表現されることはありませんが、その店の価値を生み出しているのは、オーブンや樽ではなく職人の知的資産です。
解説5	強み・弱みと言うときには何らかの判断基準が使われています。従って、ただ状況として把握するのが良く、何らかの条件が加わると弱みと思っていたものが大きな価値を生み出すかも知れません。また、過去のアイデアも状況が変わると価値を生み出す可能性があります。
解説6	政府は金融機関に対しても、物的・人的担保に頼らない融資の実施を奨励しています。今後金融機関では知的資産に対する目利き能力を高め融資に取り入れられる可能性がある。
解説7	知的資産の評価指数は100以上もあります、従って、他者の指標を参考にすれば、自社の知的資産の評価や活用を図ることが出来ます。
解説8	経営年月が長い経営者ほど、人脈の価値を意識されるようです。自分の人脈はどの分野でどのようなものかを把握し、明確化することは事業承継の準備のためにも大切です。
解説9	知的資産の把握と活用のためには、企業の設立から営業許可・事業承継まで多方面で企業と関わりが特に深い行政書士等専門家の協力を仰ぐことでより効果的に進められます。
解説10	利用可能な自社以外の資産を補完資産と言います。現代ではこれをいかにうまく活用するかが、スピーディーな事業展開に不可欠と言われています。

〈この資料の制作者〉
　　　知的資産経営支援研究会　(通称：IMSS)
　住　　所　岡山県倉敷市中島2258-2
　電話番号　086-441-1135
　メ　ー　ル　yuai.jimusyo@gmail.com
　ブ　ロ　グ　http://blog.zige.jp/titekisisan/
　　お問い合せ等はお気軽に電話・メールでお寄せ下さい。

■□知的資産経営支援研究会□■
　知的資産経営支援研究会 (通称：IMSS) は、岡山県行政書士会に所属するメンバーを中心にした専門家のグループで、中小企業経営者のための知的資産経営支援を行う研究会です。
　小規模の商店や企業経営者の方にも役立つ知的資産経営をより分かりやすい手法で取り組んでいただけるよう、研究や支援を行っています。
　詳しくはWebで→岡山IMSS

Copyright 知的資産経営支援研究会 (IMSS) 2012 All right reserved

図4-2　5分シート (裏)

第2章 IMシート

1. 目 的

　IMシートとは、invisible asset management あるいは intangibles management の頭文字をとったもので、簡単に IM シートと名付けています。
　IM シートが目指すところは以下のようになります。
- 知的資産経営報告書よりも、簡単ですぐに作れて経営に役立つものにする。
- 各部門のリーダーが作りやすいものにする。
- 簡単に作れるようにすることで、チェック頻度を高める。
- 誰が、いつまでに、何をするのかをはっきりと示す。
- 評価基準をはっきりし、到達点を明確化する。
- 各部門での問題点、課題も明らかにする。
- 経営者は各部門の生の状況を把握できるものにする。
- 一つの取り組みを、相乗効果により大きな成果につなげる。
- 個の解決策（対策）として取り組んだプラスの行動が、企業全体としてのマイナスにならないようにする。
- 自分の組織の業績だけでなく、常に業界や会社全体での位置づけを考えるものにする。

2. 合成の誤謬

　合成の誤謬(ごびゅう)（fallacy of composition）とは、ミクロの視点では正しいことでも、それが合成されたマクロの世界では、意図しない結果が生じることを指す経済学の用語です。

　この言葉を経営に当てはめるために、例えば、東京ディズニーランドを考えてみましょう。筆者はとても気に入っていて、もう数十回も入園しました。

　このディズニーランドが30年間も継続するためには、利益を上げなければならないことは当然です。ディズニーランドの会計や各店舗・メーカーの契約の仕組みは存じませんが、仮に各店舗の利益の合計が全体での利益になるとします。すると、全体の利益を伸ばすためには、各店舗の利益を伸ばさなければならないので、各店舗がより利益を上げるため、無駄を省き、合理的な経営をしようとしたとします。

　普通の飲食店が利益を大きくしようとすれば、材料費を減らし（量を減らす、安い材料を使うなど）、人件費を減らし（人を少なくする、セルフサービスにするなど）、消耗品を減らす（おしぼり、ナプキンを止めるなど）などに取り組むでしょう。この結果、このお店の利益は、少なくとも短期的には上がるはずです。

　もし、ディズニーランドのお店のすべてがこのように取り組めば、全体の利益は伸びるでしょうか。もしこのやり方がうまくできなければ来園者は、なんとなく面白くなくなってしまいます。ゴミがちらかり、トイレがきれいでなく、お店のサービスも悪い場所になってしまっては、入園者はすぐに減りはじめるでしょう。他の会社でも、部門の長（リーダー）が、自分の部門のことしか考えず、「会社の業績が悪いのは他の部門のせいだ」と思い、自分の部門の成果を上げることばかりを考えていたのでは、この例と同じような状況を会社にもたらす可能性があります。

　IMシートではこうしたことが起きないように、常に全体と個の両方に意識を持とうとしています。上の例で言えば、自分の店で利益を上げようとするそ

知的資産経

社名：山田方谷（現代版）

経営理念
お客さまから信頼され、社員が働きがいを感じる会社になる。

ビジネスは何？（何が組織の支え？）
従来型の一次産業
米、野菜、竹、木の販売

直近の経営戦略と効果の評価（過去の経緯・最近の事象）
売上高5億円程度の会社として一等地の大きなビルに本社を構えている。
収支悪化のたびに社内資産の切り売り。人員削減、給与カット
実態は売上高2億円の会社に借金が4億。
破産寸前。株価は低迷し社債の信用度も低い。

外部環境・リスク
不採算部門も過去の経緯でやめられない。
世間は会社情報を信用していない。
商品の一次産品は市場価値が低く、価格競争で負けている。
競争相手の攻撃にさらされる。

内部環境・リスク
保守的風土。非生産的。
私用で会社のものを使う、架空の請求など不正が行われる。業者との癒着。一部の社員は給料が多いが、大半は非正規社員で賃金が低く副業をしている。
過去の不良資産（土地・建物）を多くかかえている。

現行ビジョン
社内に危機感はあるが、みんな自分の時代は何とかなるだろうと考え面倒な改革に取り組まない。
新製品開発力がない。
急な改革を妨げようとする保守的勢力が台頭。
出る杭は打たれる。
じり貧は免れない。

戦略的ビジョン、判断基準・要素
経費がふくらむ過去のつながりを刷新する。世襲・天下り・コネ入社、登用制度の見直し。
自社の資産を生かした経営への取組と、新製品開発。
事業再生のための大規模な組織改革、リストラ断行。
能力に応じた登用制度の実行。

現行経営戦略
世襲・天下り社員が過去の人脈で仕事を得ようとする。
既得権益にしがみつく、寄生虫のような搾取集団。

新しい経営戦略
資源販売から付加価値販売へ
お客さまへ変化を意識付け信用を高める。お客さまから支持され、社員の能力が発揮できる組織作り。

図5　山田方谷IMシート

営 IMシート

作成：平成　年　月　日

知的資産 事業展開	KPI or 先行指標	評価値		到達日	施　策	責任 部門
		現状	目標			
事業再生					時代の流れに合わせた経営戦略新規事業。自社のオリジナル商品・サービスの開発。組織のスリム化。販売ルート・チャネルの適正化	
負債整理					不良資産の整理、売却 取引先との契約の見直し 不採算部門の廃止	
イメージ戦略					企業改革の象徴的イベント・パフォーマンス（緻密な販売戦略に合致したもの）	
既得権乱用排除によるムダの削減					賃金カット（上級社員ほど重く） 下請け企業の接待禁止 利益供与・賄賂の禁止	
不正の排除					リスク対策の適正化 コンプライアンスの徹底、 内部通報制度整備	
人材育成					社員教育の充実（時代のニーズ、従業員の多様化による豊富な教育メニュー整備）	
足下を固める					近代的なセキュリティ対策、情報管理体制、ウィルス対策、営業秘密保持契約、防災対策	

【総合的事業再生】…ある物を活かし小さな投資で大きな利益（知的戦略）
どこで何を売るかでニーズは異なる。社員の使用者としての意見重視。
（売る物、売り方、輸送ルート・手段、販売チャネル、相乗効果の工夫）

【行動目標】

覚悟の３年		攻めの３年	仕上げの２年
経営者も痛みを伴う改革の断行	組織改革 風土改革	新製品・付加価値創造、新販売戦略で利益創出	給与アップ 人材育成・登用

【備考】	可能な負担
見た目や世間体を良くしても、企業の実態は株価や社債の信用度が示す。	情報開示によるマイナスよりもそれによるプラスを得る。

142　第4部　知的資産経営のツール

知的資産経

社名：○○○○○社

| 経営理念 | ビジネスは何？（何が組織の支え？） |

直近の経営戦略と効果の評価（過去の経緯・最近の事象）

| 外部環境・リスク | 内部環境・リスク |

| 現行ビジョン | 戦略的ビジョン、判断基準・要素 |

| 現行経営戦略 | 新しい経営戦略 |

図6　IMシート（標準）

営 IM シート（標準）

作成：平成　　年　　月　　日

知的資産 事業展開	KPI or 先行指標	評価値 現状 / 目標	到達日	施　策	人的資産 補完資産等	責任 部門

【行動計画】

毎日	毎週	毎月	○カ月毎

【備考】	可能な負担

IMシート：知的資産を活用し、ビジョンを実現するための取組み進歩を具体的に測定するもの。
ビジョン：（中長期目標）将来どうありたいか。　戦略：（ステップ）ビジョンにある具体的行動。

の行動は、結局、パーク全体のめざしている「ゲストへの夢と感動」を減らすものではないかということに注意を払わなければならないのです。このIMシートは、各グループ単位で毎月作成、チェックされるべきものと考えます。また、半期、期末には財務諸表と同様に、現状と結果をまとめるために作成します。

3. 知的資産経営IMシート　山田方谷（現代版）

図5（140-141頁）は、山田方谷が改革を行った、当時の備中松山藩を現代の会社にみたてるとどんなイメージになるのかをまとめたものです。評価項目は期中においては、KPI（重要業績指標）ではなく、先行指標による取り組みも考慮すべきですが、半期、期末には、KPIによる結果を出すことが必要です。

山田方谷の取り組みは、この統合性が優れており、一つの戦略が他の戦略とうまく結びついています。

4. 知的資産経営IMシート（標準）

図6（142-143頁）は、知的資産経営IMシートの標準様式です。組織全体と個別、過去と現在、外部と内部、将来ビジョンを明確にした上で、知的資産の何を誰がいつまでにどうするのかを記載し、チェックし続けることが大切です。

第3章　HRマップ

1. 目　的

　本章で紹介する、人的戦略マップ（HRマップ：Human Relationship Map）は、目に見えにくい経営要素を扱う知的資産経営の中で、特に目に見えない、人のつながりを形にするものです。このマップの作り方は、パソコンを使えば簡単ですが、作るのが終着点ではありません。それを使って、人間関係を図化することにより、一目で分かりやすく整理し、人間関係の重要性をあらためて認識するとともに、営業ツールとして、あるいは事業承継のため後継者に伝える手段とするためのものです。

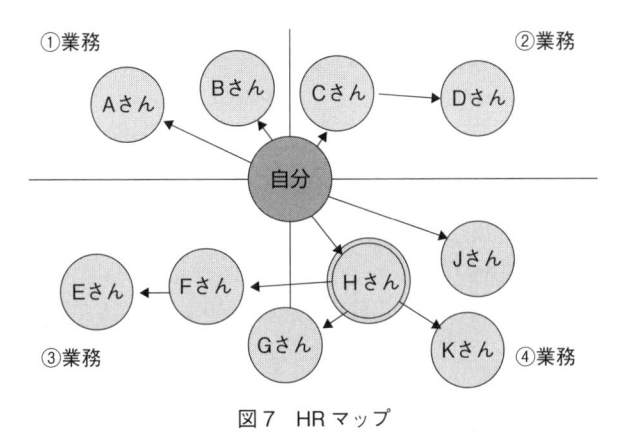

図7　HRマップ

2. 作り方

ビジネスの人的ネットワークですから、あくまでビジネスを中心に記載します。図では「自分」「○○さん」と記載していますが、「自社」「○○社○○さん」でも結構です。

（1） 手　順
① 　中央に、あなた自身をしめす大きめの円を描く。
② 　あなた（自社）が取り組んでいる業務ごとに、エリアを中心からの直線で分けます。
③ 　あなたからつながる人を円を使って、記入していきます。
④ 　基本的には、知り合った順番に書いていきます。
⑤ 　異なる業務につながる場合も、そのまま記入します。
⑥ 　図の矢印や名前に関係や留意点を追記します。

（2） 考え方
① 　ここで矢印が集中して出ている人（図のHさん）は重要だということが分かります。
② 　業務区分でなくとも、地域別で構成しても構いません。
③ 　煩雑になる場合は業務ごとにシートを分けます。
④ 　記号を工夫したり、関係や留意点を記載したりしておけば、事業承継などの際に、他の人へ伝えるときに便利です。

（3） HRマップを作る理由

取引先リストとHRマップを比較して思い浮かべて頂くと、取引先リストでは取引高の多寡によって、そのお客さまに対するアプローチを工夫します。取引額が小さければ、重要でないと判断しがちで、過去にいろいろな形でお世話になった取引先であっても、それを見落としがちになります。そのため、HRマップは人間関係に重きをおこうとするものです。

第4章 仮説・検証アプローチ

1. 価値があるものを活かせない企業

　繰り返しになりますが、多くの専門家が「知的資産経営」の話をするとき、必ず使う決まり文句は、「あなたの会社の強みは何ですか？」というものです。しかし、いくら自分の会社だからと言っても、いきなり聞かれてもよく分からないというのが普通ではないでしょうか。そのよく分からないにもかかわらず、すぐSWOT分析をしようとするのは、形にこだわっているように思えます。

　よく、マーケティングや商品開発の話の中では、「自分が売りたい物を売るのではない」と言われます。なぜ、お客さまはあなたの会社と取引するのか、お客になるのか、そこをよく考えなければならないということです。このことは、知的資産経営に取り組むため、いや、知的資産経営とは無関係に経営を考える場合においても重要だと言えます。

　「企業の強み」とは、自社の評価ではなく、取引先やお客さまの評価でなければならないのです。そうであるなら、知的資産経営に取り組もうとして、自社の強みを改めて考える場合、その強みはお客さまから見たものではならないということです。つまり、あくまでお客さま目線で自社をながめ、そこに強みを見いだす必要があるのです。

　個人的な話題で考えてみましょう。例えばある経営者が「自分は歌がうまい」と思うことは勝手ですから、「あなたの強みは何ですか」と聞かれたら、「歌がうまいことです」と答えるかもしれません。では、「なぜあなたは歌がうまいと思うのですか」とたずねられると、「飲みの席で自分が歌を歌うと、た

いていの部下がほめてくれる」という具体的な根拠を挙げるかもしれません。さて、この評価は本当に市場の評価なのでしょうか。

　ここでは、具体的な業種の例2つを取り上げています。それをご覧いただきながら、ご自身の企業、お店の知的資産経営について考えていただきたいと思います。

2. 事　例

（1）　事例1（耐久消費財の販売店）⇒伝統
　　その会社の経営者は、それが自社の強みだとは思いませんでした。
　お話を伺っていくと、その地域で耐久消費財を売るお店として、100年の歴史を持つお店でした。しかし、経営者はその価値がどこにあるのか考えたこともなかったのです。
　売上が上がらないというのが悩みでした。

（2）　事例2（継続的サービス事業）⇒信頼
　　その会社の経営者は、それが自社の強みだとは思いませんでした。
　経営者は、自社の強みは営業力にあると思っていました。そこで、今までどおり積極的な営業を続けました。その営業とは、価格競争でライバル社よりも必ず価格を下げて提案し、契約を取るというものでした。
　利益が出ないというのが悩みでした。

3. あなたの強みの見つけ方

　単に、「強みは何か」と考えるだけでなく、次のような方法で考えてみましょう。まず、考える人は、経営者自身、役員、従業員、可能であれば、専門家にも加わってもらってもよいでしょう。そこでは、「強みは何か」と考えるだけではなく、
　「強みにできるものは何か」

「強みにしなければならないものは何か」
「強みでなければならないものは何か」
と考えてみましょう。

　すると、活かせていない強みや、弱みと感じているところが、強み候補として上がってくるのではないでしょうか。これを、ただ1つだけ見つけるのではなく、それぞれの人が10個程度は見つけるようにします。その中から、もっとも適当と思えるものを選び出します。

4. 仮説・検証アプローチ

　仮説・検証アプローチとは、前述のようにして出てきた、自社の強み候補を活かして、今かかえる課題に短期間で具体的に取り組んでいくためのプロセスを決めることを言います。現在、一般的に知的資産経営報告書を作成する期間が、4～6カ月と言われています。立派な書類を作っている間にも、経営は常に動いています。そこで、何を強みと考え、どう取り組んでいくかを決め、その効果を随時確認し短期間で取り組むのが仮説・検証アプローチなのです。

　具体的には、前述の「強み候補」から、「自社の強み、あるいは、強みにすべき事項」を見つけだします。

　手順は順に見ていきますが、その概要は以下の通りです。

① 仮説を立てる　　　：自社の強みは何かを決めます。
② 仮説を検証する　　：仮説による現実を検証します。
③ 自己診断をする　　：現実が起きた原因を考える。
④ 打開策を決める　　：強みを活かす打開策を決める。
⑤ 対策フローを作る　：どの順番に何をするか決める。
⑥ 行動計画を立てる　：いつ何をするかを決める。
⑦ メリット・デメリットを考える：その行動を事前評価する
⑧ 効果の確認をする：取り組みとその効果を確かめる。

5. 仮説を立てる

（1）事例1（耐久消費財の販売店）⇒伝統
　もし伝統に価値があるとしたらどんなことが予想されるでしょうか。
　ここでは、お客さまの立場で考えてみましょう。伝統に価値があるなら、その価値はお客さまにどのような形で及んでいるでしょうか。
　その価値を活かせていないとしたら、会社の行動はどんなことをしているでしょうか。

（2）事例2（継続的サービス事業）⇒信用
　もし信頼が価値あるとしたら、それはお客さまにどのような影響を与えているでしょうか。それが、具体的に形になって表れるのはどのような時でしょうか。もし、その信用が得られていないとしたら、あるいは、それが無いとしたら、または信頼を失いつつあるとしたら、それはどんな形で表れてくるでしょうか。

（3）あなたの会社の場合
　あなたの会社の仮説を書いてみましょう。今後強化すべき知的資産あるいは知的資産とすべきものは、
　　　　　　　　　　　　　　　　　　　　　　　　　　　　です。
　もし、それが知的資産だとしたら、顧客にはどのように認識されているでしょうか。その知的資産は、どのような場合に顧客は意識するでしょうか。その知的資産が失われつつあるとしたら、それはどんな状態をあなたの会社にもたらすでしょうか。順に見ていきましょう。

6．仮説を検証する

（1） 事例1（耐久消費財の販売店）⇒伝統
こんなことは起きていないですか。
・来店者数が減っている。
・来店したが購入しない客が増えている。
・来店者数は変わらないが、購入者数が減った。
・来店するお客さまの年齢層が変化している。
・購入するお客さまの年齢層が変化している。
・購入単価が変化している。
これらはいつ頃から生じたか。
　　（例）ライバル店ができた頃
　　　　　自社のサービス等が変わった頃

（2） 事例2（継続的サービス事業）⇒信頼
こんなことは起きていないですか。
・新規契約が伸びていない。
・既存顧客が減っている（それはどの程度か）。
・ライバル店が進出してきた。
・自社の担当、サービス等を変化させた。
・既存顧客の雰囲気の変化。
・経営方針、営業方針の影響。

（3） あなたの会社の場合
　仮説を立てた知的資産の状況から、考えられるマイナスな状況はおきていないでしょうか。

7. 自己診断をする

（1） 事例1（耐久消費財の販売店）⇒伝統
　こんなことは起きていないですか。
・折り込み広告を止めた。
・顧客リストをメーカーの展示会案内送付にしか活用したことがない。
・お客さまの家族情報を活かしていない。
・季節に合わせたDMを送っていない。
・待ちの姿勢の営業だけをやっている。

（2） 事例2（継続的サービス事業）⇒信頼
　こんなことは起きていないですか。
・既存顧客が捨て台詞とともに継続的契約を切ったお客さまから従業員が受けた苦情の根本的原因分析・対策をしていない。
・新規顧客獲得に力を入れる工夫はするが、継続的契約を結んでいる既存顧客に対しては何らの方針が無い。
・既存顧客用に定期的なDMを送っていない。
・既存顧客との契約が切れた原因や数値を短い周期でチェックし、対策をとっていない。
・お客さま対応に対する社員教育を行っていない。

（3） あなたの会社の場合
　現実に生じていることで、その状態が生じていることに関係する、思い当たることはありませんか。

8. 打開策を決める

　あなたがすでにつかんでいる、「強み又は強みでなければならないこと」をどのように活かせば、検証した状態を解決する効果を生じさせることができるでしょうか。できるだけ考えてみましょう。

9. 対策フローを作る

　考えた打開策について、順番と時間的流れを考慮して、どのように進めていくのかを決めます。次頁にサンプルとしてフロー図を作成したものを掲載します。頭の中で考えるだけでなく、順序と時間（期間・期限）それに要する費用・人員を具体的に記載しましょう。

10. 行動計画を立てる

　フロー図で決めた対策を、さらに具体的な行動計画にまとめます。ここでは、担当者や予算も加えます。参考として様式を記載します（図9、155頁）。

11. メリット・デメリットを考える

　行動計画に基づき対策を実施することで、どのようなメリットがいつ生じるのか、逆に、その対策によって、費用やリスクなどどのようなデメリットが生じる可能性があるのかを確認します。
　さらに、その対策を、今行うことのメリット・デメリット、先に延ばすことのメリット・デメリットも考えて、いつ行うのが最も効果が高いのかについても検討し、判断します。

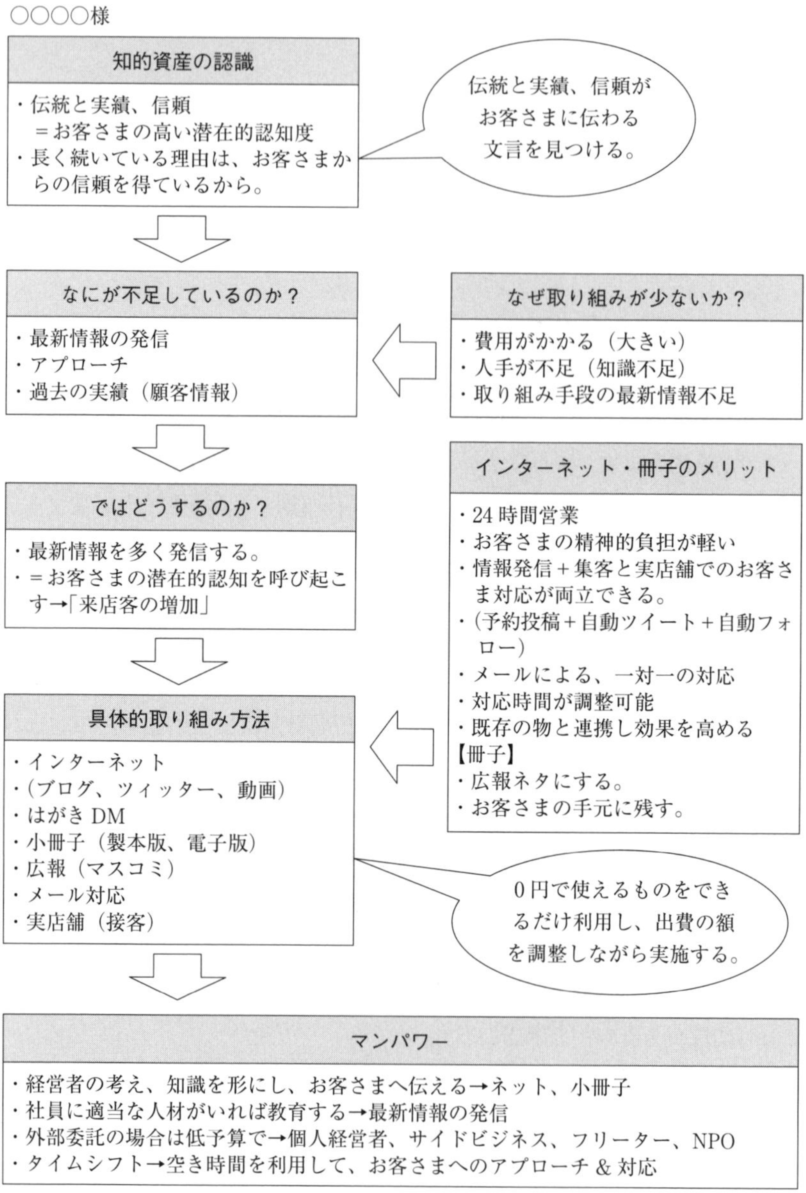

154　第4部　知的資産経営のツール

○○○○様

知的資産の認識
・伝統と実績、信頼
　＝お客さまの高い潜在的認知度
・長く続いている理由は、お客さまからの信頼を得ているから。

（伝統と実績、信頼がお客さまに伝わる文言を見つける。）

↓

なにが不足しているのか？
・最新情報の発信
・アプローチ
・過去の実績（顧客情報）

← **なぜ取り組みが少ないか？**
・費用がかかる（大きい）
・人手が不足（知識不足）
・取り組み手段の最新情報不足

↓

ではどうするのか？
・最新情報を多く発信する。
・＝お客さまの潜在的認知を呼び起こす→「来店客の増加」

← **インターネット・冊子のメリット**
・24時間営業
・お客さまの精神的負担が軽い
・情報発信＋集客と実店舗でのお客さま対応が両立できる。
・（予約投稿＋自動ツイート＋自動フォロー）
・メールによる、一対一の対応
・対応時間が調整可能
・既存の物と連携し効果を高める
【冊子】
・広報ネタにする。
・お客さまの手元に残す。

↓

具体的取り組み方法
・インターネット
・（ブログ、ツイッター、動画）
・はがきDM
・小冊子（製本版、電子版）
・広報（マスコミ）
・メール対応
・実店舗（接客）

（0円で使えるものをできるだけ利用し、出費の額を調整しながら実施する。）

↓

マンパワー
・経営者の考え、知識を形にし、お客さまへ伝える→ネット、小冊子
・社員に適当な人材がいれば教育する→最新情報の発信
・外部委託の場合は低予算で→個人経営者、サイドビジネス、フリーター、NPO
・タイムシフト→空き時間を利用して、お客さまへのアプローチ＆対応

図8　対策のフロー図

(概要)		
実施年月	内　容	金　額 （担当）
平成〇〇年 〇〇月		
平成〇〇年 〇〇月		
平成〇〇年 〇〇月	1.	

◆　テーマ、タイトル（例）…〇〇だからこそできるアドバイス
　　・
　　・
　　・

図9　3カ月間に行う行動計画

12. 効果の確認をする

　対策の実施状況、対策の効果をどのように確認するかを決めます。取組状況のチェック、効果の確認は、期間中定期的に行います。ここでは、何をもって効果の確認をするかが非常に重要です。例えば、対策がお客さまに DM を発送するであったとしても、それをいつ、どれだけ行ったのかは取り組みの実施を確認しただけであって、効果の確認ではないことは当然です。

13. 知的資産経営の2つのアプローチ

　中小企業を中心とした組織で、知的資産経営をすすめるには、ここでご紹介しているような、課題を絞り、短期間で対策と効果を把握していく「仮説・検討アプローチ」の他に、抜本的なものとして、「課題解決アプローチ」と「経営戦略策定アプローチ」があります。

　課題解決アプローチは、自社がかかえる課題を取り出し、そのポジションがどこにあるかを評価します。さらに、その課題とされているものが本当に課題なのかを検討します。表面に見える課題は実は、本当の課題が別の形で現れたものであり、本当の課題は別の所にある場合があるからです。それを判断して、本当の課題解決に向けて取り組みを行うものです。

　次に、経営戦略策定アプローチとは、現在の経営戦略をベースにあるいはそれとはまったく異なるものを今後の経営戦略にして取り組むためのものです。この考え方は、第3部でも述べましたが、大きく分けて4つあります。

　1つは、既存ビジネスの強化を目指すもの、2つ目は、既存ビジネス市場の拡大を目指すもの、さらに、新しいビジネス展開を目指すものです。そして、別の展開分野への広げ方として、アライアンスで、既存能力の新しい展開を図るという方法があります。

　いずれのアプローチを取るにせよ、何が自社の強みなのか、自社の強みになりうるのか、自社の強みでなければならないのかをしっかり考えた上で取り組んでいくことが必要になります。

　この「課題解決アプローチ」と「経営戦略策定アプローチ」の具体的な進め方については、別の機会にご紹介することといたします。

14. まとめ

　事業承継も含めた経営課題を克服するためや、新しい経営戦略を構築するためには、まず、自社の姿を見ることが大切です。人が鏡を使うのはなぜでしょうか。自分自身であってもそれを客観的に見ることはなかなか困難です。鏡は、自分自身の全身を映すため、見えない部分を見るためにあり、また時には鏡ではなく、人（専門家）に見てもらい、意見を聞くことも大切です。会社経営や組織運営についても、自社の状況を映す鏡が必要であり、この場合、鏡とは、実際に会社の状況を書いてみることと言えるでしょう。ここでご紹介したツールの内 IM シートや HR マップ、仮説・検証アプローチがそれに当たります。また、機会があれば、知的資産経営報告書もよいでしょう。さらに、客観的な判断材料として、外部の視点を取り入れるのも効果的と言えるでしょう。

> **コラム 5**
>
> 　「ゆく河の流れは絶えずして、しかももとの水にあらず」美しい言葉の響きにこもる人生観が、最初にこの文を知った頃から心に残っています。ただ長い間、単に「時は流れている」というような解釈を持ち続けていました。流れる万物には、当然人間も含まれます。それは単に年をとっていくという認識を超え、実際に人を形作る細胞は、日々死にそして生まれています。だから、自己同一性を保つため、つまり私が私であるために、自分自身を追求するということが、私たちの脳で毎日行われているらしいのです。これは、コンピュータのバックアップを毎日取っているのと同じようなものでしょうか。
> 　万物が流れていくのなら、変わらないものは何か、それが「情報」だと、養老孟司さんは著書『バカの壁』で述べておられます。不変なのは情報で、人間は流転すると。同著には、「個性なんていうものは初めから与えられているものであって、それ以上のものでもなければ、それ以下のものでもない」と書かれていて、個性的なのは「身体」であり、脳は徹底して共通性を追求していくものだとされています。その共通性を追求する脳の中で、自分独自の知的資産は、自分自身の脳が持つ情報の中にあります。ひらめきとかカン（勘）というものは、その人の脳に刻まれた経験や知識の幅の中からわき出てくるものなので、その幅が広ければ広いほど、斬新なアイデアがひらめく可能性が高くなると言われます。
> 　ある事柄や知識の習得で、周囲の見え方が違ってくることをご経験の方もあるでしょう。「朝に道を聞かば、夕に死すとも可なり」自分は毎日流転しているから、知るということは、自分ががらっと変わって、世界が違って見える、夕に死すとは、新しい自分に生まれ変わったことを意味しているのではないでしょうか。これは、ヘーゲル哲学「止揚」の概念のように、古いものが否定されて新しいものが現れる際、古いものが全面的に捨て去られるのでなく、古いものが持っている内容のうち、積極的な要素が新しく高い段階として保持されていくと考えるとよいようです。

終章

答えのありか

有為転変は世の習い、正受の姿勢が未来を拓く。

1. 刀と包丁

　本書で見てきた知的資産経営を一言で言うなら、強みは強みとして、弱みは弱みとして認識してそれぞれを経営に生かしていこうというものです。

　本書の序章で、刀と包丁について触れましたが、一定の弱さがあることが有益さを増す場合があります。法律関係を仕事にしている専門家にはご存知のように弁護士、弁理士、司法書士、行政書士などがあります。このうち、その資格としての強さを見ると弁護士というのはとても強く、専門家としての信頼がとても高いといえます。

　専門家としての、切れ味もとても強く、いわば刀と言えるでしょう。一方、行政書士はというと、法律家なのかどうか疑問を抱く人も多いでしょう。行政書士自身も法律家というよりも書類作り、手続きの代行者と考えている人も多く、街の法律家という言い方もされます。

　弁護士が刀であるなら、行政書士は包丁かもしれません。ですから、いざ誰かと戦おうとするなら刀が必要ですが、普段使うには、包丁のほうが何かと便利ではないかと思っています。

　ある経営者は、売掛金の回収の相談を弁護士にしたところ、内容証明郵便を弁護士名で送り、相手の出方によっては訴訟しかないと言われたそうです。そこでその経営者は訴訟に勝ったとして相手がお金を持っていなかったらどうなるのかたずねたところ、「その場合は回収しようがありません」といわれまし

た。

　もしあなたが誰かにお金を借りているとして、相手の弁護士から連絡が入ったとしたらどうお感じでしょうか。弁護士沙汰という言葉もあるとおり、もうあなたは相手から「友好的に話し合うつもりは無い」と言われたように感じるでしょう。でもその連絡が行政書士からだとしたら、あなたの都合も聞いたうえで、新たな契約書を作成してくれるような気がしませんか。この場合、行政書士という法律家としての権威の弱さが、逆に当事者間に過度な緊張感を作らず、相手に、今後も友好的な関係を保ち続けたいという思いを伝えることになるのではないでしょうか。

　中小企業における事業に伴う金銭の貸し借りは、知人同士で行われることが多いでしょう。もともと信頼関係があるか、その事業の展開にお互いが将来の夢を求めていた。それが何らかの原因でうまくいかなくなり、金銭の貸借が残った。あるいは、せっかくだからと知人の会社に仕事を発注したのだが、お金の支払いがうまくいかなくなった。筆者が依頼を受けた貸し金の回収についての話にも、同じようなケースがいくつもありました。

　信頼関係を保ったままで、この問題を解決するには、お互いの腹を割った話が必要になります。そこで、その話し合いに第三者がいることによってお互いが感情的になるのを防止するとともに、どんな合意をしたのかということを書面で明確にすることによって、お互いが計画的な資金調達等問題解決に向けた取り組みができるのです。

　強さと弱さについて、もう一つ事例をご紹介します。以前、NHKの番組、プロフェッショナル仕事の流儀で、天ぷら職人の早乙女哲哉氏が紹介されていました。彼が当代一と言われる職人になった一番の要因は、本人によると「気の弱さ」だそうです。番組の中で彼は、「日本中で、俺よりも気が小さいのがいたら連れてきてみろ。絶対負けない。俺は威張れるくらい気が小さいよ」と自信を持って言えるほど気が弱いそうです。そのため、自分の料理に対して、お客さまがどんな反応をするかがものすごく気になる。お客さまの反応を注意深く見ながら、工夫に工夫を重ねて職人としての地位を確立したとのことでした。彼の気の弱さが、天ぷら職人としての可能性を生み出したと言えます。

これらのことから筆者は、「強さはリスクを生み出し、弱さは可能性を芽生えさせる」と言いたいのです。

2. 知的資産経営と専門家

こんな話をご存知でしょうか。鉄道の下を通過する道路はくぼんだようになっています。そこを通ろうとした大型トラックの荷物が、鉄道線路の真下あたりで上部が当たり、立ち往生してしまいました。動こうとするとトラックの荷物が壊れます。鉄道の鉄材を切るのも困難です。多くの男たちが荷物を削るか、鉄材を削るかを議論しています。どちらにしても、接触したままですから手を入れることもできずかなり困難です。道路は渋滞が発生しました。どちらをどうやって削ればよいのでしょうか。

専門家と呼ばれる士業の仕事ですが、そもそも、お客さまとなる会社の業務について特別なアイデアを持っているケースは少ないと思われます。ただ、外部の人間がプロジェクトに加わることによって、社内の議論の中で、本来の問題がすり代わって、方法論ばかりに陥ってしまうというようなことをチェックする役割を果たせると考えます。

ここで方法論とは、このトラックの事例で言えば、どちらを、どうやって削るかという問題です。この例では、そばで見ていた少年が、「トラックのタイヤの空気を抜けばいい」と言いました。大人たちは、急いでタイヤの空気を減らし、この大型トラックはこの場所から無事移動することができました。荷物も鉄道の鉄材も削ることなく。つまり、ここを通過したいという本来の目的が、どちらをどうやって削るかという方法論の議論に陥っていたのです。ここで問題だったのは、当たっている上部ではなく、トラックの地面からの高さだったのです。

同じように、遊園地の待ち時間が長いという問題では、単に時間の長さが問題なのではなく、その時間が楽しくないことが問題でした。遊園地には楽しみに来ているのですから、待ち時間に特別な楽しみがあれば、それは問題ではなくなります。

知的資産経営支援のあり方にスタンダードと言えるものは、まだありません。そもそも、知的資産とか知的資産経営とかいう言葉も、なじみの薄い人がほとんどで、それは経営者だけでなく、経営者を支援する専門家も例外ではないでしょう。知的資産経営支援と言いながら、その専門家自身が自分でオリジナルなものを考えることなく、知的資産経営報告書の書き方だけを身に付けるというのは、まったく知的ではないと感じています。だからこそ、本書を書くことにいたしました。知的資産経営の実践という、静かな湖面に石を投げればその波紋は広がり、新しくさらに効果的な取り組みを生み出すだろうと期待しています。こうして、不十分な知識と検討のまま本書を書き始めた、筆者自身の無謀さをカバーするため、「仕事を生産的なものにするには、成果すなわち仕事のアウトプットを中心に考えなければならない。技能や知識などのインプットからスタートしてはならない。技能、情報、知識は道具に過ぎない」という、P. F. ドラッカーの言葉を借りておきます。

　本書を手にして下さったあなたが経営者であれば、本書が何か有益な取り組みに繋がるならそれに勝る喜びはありません。また、本書が刺激となって、あなたの頭の中にもともとあったアイデアが明確になれば、それも筆者が目指す喜びであります。

参考文献

山田準『山田方谷全集　第二冊』聖文社　1945 年
野島透『山田方谷に学ぶ改革成功の鍵』明徳出版社　2009 年
深澤賢治『財政破綻を救う山田方谷「理財論」』小学館　2002 年
小野晋也『山田方谷の思想』中経出版　2006 年
林田明大『財務の教科書』三五館　2006 年
林田明大『財政の巨人幕末の陽明学者・山田方谷』三五館　1996 年
三宅康久『現代に生かす山田方谷の藩政改革』大学教育出版　2006 年
矢吹邦彦『炎の陽明学―山田方谷伝』明徳出版社　1996 年
矢吹邦彦『ケインズに先駆けた日本人―山田方谷外伝』明徳出版社　1998 年
太田健一『山田方谷のメッセージ』吉備人出版　2006 年
鈴木公雄『貨幣の地域史』岩波出版　2007 年
滝澤武雄・西脇康『日本史小百科（貨幣）』フォレスト　1999 年
三上隆三『円の誕生　近代貨幣制度の成立』講談社　2011 年
古賀智敏『知的資産の会計』東洋経済新聞社　2005 年
古賀智敏『ブランド資産の会計』東洋経済新報社　2004 年
岡田衣里『価値評価と知的資産［改訂版］』税務経理協会　2005 年
広瀬義州・桜井久勝『ブランドの経営と会計』東洋経済新報社　2002 年
パトリック・サリヴァン『知的経営の真髄』東洋経済新報社　2002 年
刈屋武昭『ブランド評価と価値創造』日本経済新聞社　2005 年
田中雅康・石崎忠治・原田昇『最新業績評価会計』中央経済社　2006 年
桜井通晴『コーポレート・レピュテーション』中央経済社　2005 年
桜井通晴『レピュテーションマネジメント』中央経済社　2008 年
分林保弘『中小企業のための M&A 徹底活用法』PHP 研究所　2008 年
ジョルダン・D・ルイス『アライアンス戦略』ダイヤモンド社　1993 年
村本孜『リレーションシップバンキングと金融システム』東洋経済新報社　2005 年
古賀智敏・榊原茂樹・興三野禎倫『知的資産ファイナンスの探求』中央経済社　2007 年
黒沼悦郎『金融商品取引法入門』日本経済新聞社　2009 年
紺野登『ナレッジマネジメント入門』日本経済新聞社　2002 年
森田松太郎・高梨智弘『入門ナジッジ・マネジメント』かんき出版　1999 年
アーサーアンダーセンビジネスコンサルティング『ナレッジマネジメント』東洋経済新報社　1999 年

青木寿幸・井岡亮『最新投資組合の基本と仕組みがよ〜くわかる本』秀和システム　2008 年
伊藤武志『バランスト・スコアカードによる戦略マネジメント』日本能率協会マネジメント
　　センター　2002 年
中森孝文「中小企業の知的資産の開示に関する考察」『商工金融』第 60 巻 10 号　2010 年
事業承継協議会事業承継ガイドライン検討委員会『事業承継ガイドライン』　2006 年
中小企業基盤整備機構『中小企業のための知的資産経営実践の指針』
中小企業基盤整備機構『中小企業のための知的資産経営マニュアル』　2007 年
行政書士会連合会『行政書士ができる「知的資産業務一覧」』　2010 年
経済産業省知的財産政策室『大事な情報を大切に保護する営業秘密管理』　2009 年
C. ヘルファット『ダイナミック・ケイパビリティ』勁草書房　2010 年
遠山暁『組織能力形成のダイナミックス』中央経済社　2007 年
渡部直樹『ケイパビリティの組織論・戦略論』中央経済社　2010 年
三宅康久「山田方谷の藩政改革とその現代的意義」大学教育出版　2011 年
野島透「財政改革の実践者山田方谷」（社団法人中国地方綜合研究センター編『歴史に学ぶ地
　　域再生』）吉備人出版　2008 年

索　引

あ行

アービトラージ　28
IMシート　138
アライアンス　75
遺産分割協議書　126
遺書　127
意匠権　112
一般社団法人　79
上杉鷹山　30
営業秘密　92
HRマップ　145
エクセレントカンパニー　129
SPC　30
SPV　30
M&A　107
オフバランス　54

か行

会計公準　41
合併　108
関係資産　40
企業会計原則　2
企業評価　109
金本位制　25
銀本位制　25
金融商品取引法　80
KPI　59
契約書　119

決算書　i
コアコンピタンス　130
公益通報　91
公正証書遺言　103
構造資産　40
合同会社　78
コーポレートファイナンス　29
告訴　120
告発　120
米本位制　14
コンプライアンス　91

さ行

裁定取引　28
財務諸表　i
事業承継　99
事業承継計画　102
事業譲渡　107
資産　2
実用新案権　112
重要業績指標　59
種類株式　103
使用者責任　85
情報公開　32
情報漏洩　87
人的資産　40
人的戦略マップ　145
人的負債　94

SWOT 分析　6
ストラクチャー　77
セクシャルハラスメント　89
先使用権　111
相続時精算課税制度　102

た行

ダイナミックケイパビリティ　130
たたら　20
知的財産　4, 49
知的財産権　49
知的資産　i, 4, 39
知的資産経営報告書　42
知的負債　83
著作権　116
ディスクローズ　32
デューデリジェンス　110
倒産隔離　77
特定目的会社　30
特別目的事業体　30
匿名組合　79

な行

内容証明郵便　115
ナレッジマネジメント　63

は行

パワーハラスメント　90
藩札　21
PPM　129
備中鍬　21
ファンド　80
不正競争防止法　113
プロジェクトファイナンス　29
防災対策　98
ポートフォリオ論　129
補完資産　40
本間宗久　31

ま行

民事再生法　107

や行

山田方谷　11
遺言　102

ら行

リース契約　84
理財論　15
里正隊　24
リレーションシップバンキング　50
レピュテーション　68
六次産業　31

■著者紹介

下村　幸喜　（しもむら こうき）

鳥取県出身
岡山大学大学院法学研究科修了
民間会社勤務を経て行政書士事務所を開業
知的資産経営支援業務に力を入れ、山田方谷の改革は企業経営にいかせると確信し、経営セミナーなどで事例として取り上げている。
行政書士友愛行政法務事務所代表
所在地：岡山県倉敷市中島 2258-2

知的資産経営の実践
―潜在価値を見つけ、育て、活かすために―

2014 年 2 月 20 日　初版第 1 刷発行

- ■著　　者────下村幸喜
- ■発　行　者────佐藤　守
- ■発　行　所────株式会社　大学教育出版
  〒700-0953　岡山市南区西市 855-4
  電話（086）244-1268　FAX（086）246-0294
- ■印刷製本────モリモト印刷㈱

Ⓒ Koki Shimomura 2014, Printed in Japan
検印省略　落丁・乱丁本はお取り替えいたします。
本書のコピー・スキャン・デジタル化等の無断複製は著作権法上での例外を除き禁じられています。本書を代行業者等の第三者に依頼してスキャンやデジタル化することは、たとえ個人や家庭内での利用でも著作権法違反です。
ISBN978-4-86429-253-5